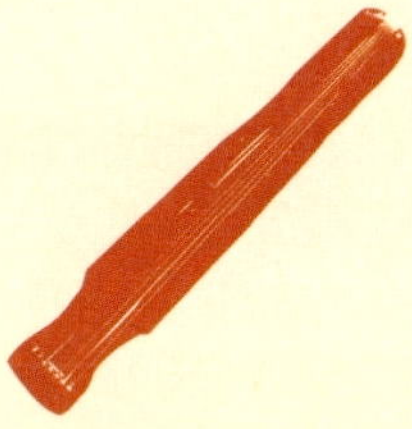

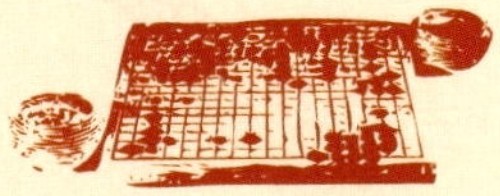

烟火皆入詩，詞曲話家常。

輕取朝露作花雨

种下此生几多狂

煙火生活 詩畫清歌

诗文／邢小燕
摄影／富春一凡

中国出版集团
现代出版社

朗朗書房

北京朗朗书房出版顾问有限公司
荣誉出品

自序
诗意，缘来由此

邢小燕

诗词自小便是心头好，走出校园后似乎渐渐遗忘了。

记忆中，母亲给我最初的启蒙便是唐诗。母亲是个传统的女人，深爱着中国古老的文化。她常常为我讲解《诗经》里蕴含的情意与美好，似乎总想把我浸泡在那坛古香之中。

千家诗、唐诗、宋词、元曲……在母亲赞赏与惊喜的目光中，我的童年被烙上了诗词的印记。连母亲都始料未及的是，这烙印竟如影随形，像时光一样紧紧贴附在我的生命中，以至于在读遍家中所有藏书之后，我将自己最喜爱的几本古典长篇小说，全以五言、七言诗写就。

年年轮递，岁月蹉跎，与诗词的交际渐渐少了。自从走出校门开始工作起，几近忘却了诗词与自己的渊源。虽然一直从事文字工作，但现代都市生活与古典文学之间的情境落差，也使自己在劳碌奔波中，遗失了那些闲情逸致。

多年之后，有了微博。出于工作的原因，常年深夜出没在网上，把微博当成自说自话的私人空间，每天写下心情点点。

因缘际会。2010 年 10 月的一天，博友一首名为“微博”的小诗（岁月很蹉跎，不如上微博。人问我是谁，我问谁是我）吸引了我。看到作者末尾没有标点，便戏谑着补了几句：闲侃牢骚多，推推又摸摸。欲聊心中事，又怕狼出没。遮遮又掩掩，何苦问因果？锋言锐语多，满身皆胆色。空留声声叹，博了也白博！没想到，对方很快回了一首，颇具文采：世上多风景，待遇有心人。不做金丝燕，文羽拂清明。好胜心起，我和了一首：帘外冬雨冷，赋诗吟心情。字间唱且和，北雁衔春风。对方不肯示弱，文笔愈发犀利：鲁迅泼墨时，不过文匹夫。空留铿锵骨，江山依旧污。秦皇换汉武，代有人才出。何时顾儒辈？文弱一小书。老杜堪忧否？黄土埋忠骨。龙庭谁在坐，不如看日出。有些欣赏这人字里行间的骨气与愤世意味，遂以一首五言相和，意境却截然不同：日出绮霞舞，月落半卷云。晨星惜寂廖，银河恋芳尘。荷锄洒香籽，采菊幽径深。碧空遮愁雾，坐赏雨纷纷。莫论政经事，只作风月吟。对酒歌且笑，从古说到今。

这样你来我往，竟然持续了两三天，吸引了众多关注和赞赏。

从那时起，我突然发现自己写诗的速度很快，心随意兴，意由境生，意起兴浓之际，诗也随手写就。或许我在诗的内容、结构及平仄上着力不深，但信手铺展于微博中的情致、意境、韵味，一直被博友们激赏不已。微博的粉丝量、转播评论的数量，以及微博活跃度的上升，使之渐渐成为我与诗词爱好者交流的田野。

记得作家王宏甲曾说过这样一句话："作为土地，是谁把我耕种；作为庄稼，我情愿被谁收割。"因为诗词，渐被人知；因为诗词，渐多良师益友。在我心情起落的日子里，他们在我的诗词后面所留下的点点滴滴，都化作一缕缕温暖的关怀，亲切地来到我的心中。

仿佛有一条奇妙的道路，通往我心意中的境外之境。情绪的释放，心结的释然，所有生活或工作的沉闷，在诗词应和的快乐中消散。沉迷于这种诗文相伴的美好感觉，有些不知归路，她们总在时空上延展着我梦想中的世界。种种明亮的、不可言说的东西，萦绕于这种心与心的交流之间，抚慰着我的心灵。

在工作之余，我所有的情感几乎全部寄托在诗文中：或没于暗夜，进入盗梦空间抒写梦想；或生于黎明，渴望绚烂晨光照进心灵。时光倥偬，每每看到有人因我的诗文或忧或喜，或共鸣或欣然，我心便如轻盈的鸟儿，在枝头雀跃。

杭州老人@富春一凡（网友们昵称"奶奶"），工摄影，擅书法。常在腾讯微博贴出其摄影作品，或枝上雀儿，或草中蝶影，或湖边野趣，或树荫匝地，一水儿的不凡竞美，引无数围观，好评如潮。机缘巧合之中，我亦成"凑趣"之人，信手与诸多网友看图赋诗，于字韵互动之中，捕捉并体验着诗画相和之趣。

犹有甚者，@富春一凡以其文人书法之工整小楷或独特行书，抄录我所写诗词若干，展于网际。博友们互评互论之迅捷，之深入，之热烈，出乎意表，骤成腾讯微博一景。而我，亦成为微博江湖与《一凡列传》传说中的“孙女”。

诗以图兴，图增诗色。不知不觉间，这种诗图互映的作品已达数百幅。出版界博友@呼延华先生，自前年起，就撮合我与@富春一凡合作出版诗图作品以飨读者。时值工作压力甚大，无暇顾及，今赋闲之余，翻检数百首诗词，取其中满意者一百八十首，与一凡摄影作品辑成一册，以答谢万千博友。

有人说，我每天仿佛都生活在诗情画意中。其实，生活对每个人都是公平的，与所有人一样，我也有快乐，有痛苦，有喜悦，有忧愁……但是，在这烟火缭绕的尘世中，我更希望用心去触摸自然的灵性与生动，用心去感受人们给予的温暖和真诚。

脚踏实地行走之中，总会在仰头那一瞬间，看到天空里晶晶亮亮的星星。她们，像极了你们给予的支持和关注，点燃起生活中最美的烛光。诗意，缘来由此。

一直喜欢着被你们喜欢的感觉，一如既往地希望纸版诗作能引发如网版诗作同样的共鸣。尽管她们或如初啼婴儿般，显得稚嫩；或如青葱少年般，显得莽撞。但，却因了这无数的喜欢，因了这浑然天成的纯粹，弥足珍贵。

诗词，见证着我生命的另一次成长。

2014年8月8日

清新的古风

赵丽宏[1]

邢小燕的诗集，给我的感觉，清雅活泼而有韵味。诗人用古体诗的形式，抒发现代女性的心情，表达一个都市人对自然的向往，也生动地描述了当下的生活。她的表达，自然流畅，不造作，不牵强，把心中的诗意娓娓道出。诗人特别擅长的是五言诗，语辞简练，节奏铿锵，诗句似随手拈来，却将情绪和思索表达得灵动而传神。譬如《自绘小像》："夜来飞针忙，晨起煮羹汤。莫道冬风冷，厨下暖生香。欲品世中味，事事先自尝。烟火皆入诗，词曲话家常。酸涩七情蕴，字字以心量。万籁或成句，音律却难芳。入世笑对人，出尘泪沾裳。昨夜女才子，今日红尘娘。"用这样的古风，写一个现代女性的人生状态和精神追求，无论是对生活情景的描述，对人生的感慨，对诗词的见解，还有作为诗人的自谦，都表达得贴切自然。十行诗句，五十个字，内涵却如此丰富，这是诗词的魅力，也是汉字的魅力。也许，用古典诗词专家的眼光来看，诗集中的很多作品并没有严格地遵循古诗的格律，但这并不影响读者喜欢这些文字。

读邢小燕的诗集，生出一些感慨。

感慨之一，是为古体诗有如此蓬勃的生命力而欣喜。我一直认为，中国的古典诗词，是人类文学殿堂中的绮丽瑰宝，是中国人智慧和情感的结晶，是中国人的骄傲。古人作诗不费力气，因为诗词音韵已烂熟于心，随心所欲，便成格律。流传千百年的古典诗风，至今仍在中国大地上吹拂。现代中国人，不仅在读古人留下的诗，还在用古体诗言志抒情，表达对生活的热爱，而且民间不乏高手。邢小燕能如此自如地写诗赋词，将现代的生活和自己的心情自然地诉诸交融于诗词，得益于她自小受中国古典诗词的熏陶，所谓"熟读唐诗三百首，不会作诗也会吟"。母亲以唐诗为她启蒙，教她诵读大量古典诗。她在自

① 赵丽宏，当代著名散文家、诗人。现任上海作家协会副主席、《上海文学》杂志社社长、全国政协委员、中国作家协会全国委员会委员、中国散文学会副会长。

序中说，“我的童年被烙上了诗词的印记”，“这烙印竟如影随形，像时光一样紧紧贴附在我的生命中，以至于在读遍家中所有藏书之后，我将自己最喜爱的几本古典长篇小说，全以五言、七言诗写就”。中国年轻一代的文学青年，肯花时间用五言、七言重写古典长篇，大概凤毛麟角。这样的写作训练，并非有人强迫，而是因为兴趣，因为对古典诗词的热爱。邢小燕的诗词，只是当代中国古体诗写作浪潮中的一朵浪花。面对这样清新晶莹的浪花，我们的老祖宗一定会为此欣慰。

感慨之二，是互联网的神奇。邢小燕的诗词创作被人关注，源于互联网。她在自己的微博上写诗，被网友“围观”，引来一片赞声，这也激发了她写作的热情。她的诗作，在网上不断被传播，她也成为出名的网络诗人。在网上，她和读者的关系，不是简单的作者和读者的关系，而是作者和评论者一种互动的关系，网友们在她的微博上评点她的诗作，给她鼓励和建议。还有人为她的诗作配上绘画或摄影作品，把她的文字写成书法作品。如她自己所说，“在我心情起落的日子里，他们在我的诗词后面所留下的点点滴滴，都化作一缕缕温暖的关怀，亲切地来到我的心中”，“她们总在时空上延展着我梦想中的世界”。对一个写作者而言，这样的关怀，会成为创造的动力。有人说，网络是一潭浑水，网络上的很多文字，都是垃圾。而邢小燕发表诗歌的这个网络圈子，却是一池清波，池中有优雅的涟漪，有清新的浪花，有曼妙的涛声。邢小燕的诗由网络走向纸质的书籍出版，也是向世人证明，网络这个浩瀚强大的传播系统，正在为有才华的年轻人提供舞台，让他们的才华以极快的速度和极高的效率传播于世，被人发现，被人欣赏。网上确实有浑水，但有品位的读者还是会作出明智的选择。

读邢小燕的诗集，让我想起唐朝诗人刘禹锡的《乌衣巷》：“朱雀桥边野草花，乌衣巷口夕阳斜。旧时王谢堂前燕，飞入寻常百姓家。”刘禹锡写这首诗是怀古，但以今人的心情读，却能很自然地联想起眼下景象。

2014 年 8 月 18 日深夜于四步斋

诗妞

田炳信[1]

美妞，极俗。当某个称谓一旦稀释就开始淡而无味。傻妞，似乎还隐约有一点点爱怜。胖妞，肯定是不褒不贬。今天，我文中提到的邢小燕，自称“诗妞”。

别人如果这么自称，我认为多多少少肯定有点矫情。小燕的自称，不是矫情，也不是自嘲。“诗妞”二字，放在她身上恰如其分，方方正正，亮亮堂堂。

读小燕的诗文，能够看到她遣词炼句的精细与敏锐。

红尘之中人太多、事太杂，每个人的感受都会经历由简单到纷杂、由纷杂再到复杂的过程。但，不是每个人都能清晰准确地把自己的感受表达出来。慵懒的办法是向佛借几句话，向先哲借几个词，囫囵吞枣，照猫画虎也就差不多能对付了。

小燕认真，至少在文字的领地从不含糊更不马虎，这算是对文字的一种虔诚和礼拜。

中国汉字那么繁密，语意纠缠交织，历经朝朝代代的限制与蹂躏，如果赶巧再碰上几个粗通文墨的皇帝佬儿和咬文嚼字的大臣给汉字上点眼药，扎个小针，画个小妆，文字一定会在不男不女不上不下不死不活的状态下苦苦挣扎。文字和监狱本来没有任何关系，可是在中国文化历史的古道上却真真切切有了污点般的记录。文字狱，就是一根高悬的粗粗的“蟒鞭”。

文字早已变态变形变味。文字也不再是文字。人生苦短江水东流，为了生际为了糊口为了荣华富贵为了祖宗八辈，文字总是被斜视，被鄙视。长此以往，活灵活现生龙活虎生猛海鲜似的文字必然会慢慢消停。除非你有胆识有胆量去畅想去痴心去操心，否则不可能出彩出位出道。即便你有了这一切，约定俗成的习惯和靠文字混饭的人也不许你胡乱肇事。

① 田炳信
香港成报社社长，诗人

笔和枪，历来是两种公认的杀人利器。谁敢对笔和枪的功能产生怀疑和质问，那一定是要付出血的代价。如何在文字上呈现出一种创新和创意，实实在在是一件非常不容易的事。

文字的眼神极其复杂诡秘，文字系统更是光怪陆离，既看不到出口也看不到入口。没有十分的冷静，没有拳打卧牛之地的硬功夫，哪个敢睁着眼睛在红尘中出手劈掌挥洒自如?

文字是山时，你需要一种高度才能看清；文字是水时，你需要用更为柔软的身段靠近。山情有冷暖交合，水况有清浊交融。如何能找准一条上山的野径？如何能找到一条下水的渡口？曾经令多少代文化人颇费周折也未得其法。

望而却步，是人类的天性。谁在文字上敢孜孜不倦锱铢必较地长久瞭望和实践下去，那他的心理和生理压力绝不是常人可以忍耐的。

小燕，应该先称她为“傻妞”，再称她为“诗妞”似乎更为贴切。她仿佛因文字而生，对文字着魔，对文字痴迷，近乎癫狂，这是为诗为词非常难得的全燃烧状态，极其可贵极其可观极其可叹！

我相信，只要她继续这种状态，继续痴迷，继续百折不挠，继续忘乎所以，肯定会在文字的密密丛林里找到自己想要的野葡萄野蜂蜜，也一定能看到文字自然天地里千奇百怪的大风光大景象。

2014年9月16日写于香港九龙塘

诗歌的守魂女人

符德坤[①]

几年前一次偶然的机会，在微博上看到邢小燕写的诗和散文，当时我就在想“这该是一个多么曼妙的女子所写的文字”。是的，她用文字将我带进了她幻化出来的意境，而且不止我一个人。之后的众多微博好友，争相与这个小女子斗诗斗嘴。后来，她还搞出一个什么随意诗社，稀里哗啦近千人玩得不亦乐乎。

诗，这种宁静的雅玩，在现代暴风骤雨般信息化的冲击下，渐渐成了高冷的束阁私藏。有，却不入凡人眼！

常跟朋友调侃：世上本无诗，那不过是古人写的日记，写得多了就成了诗。当然，现在日记也是不怎么写的，人们都聚集在社交软件上刷着朋友圈的空虚。

有时候想想，有追求的人是不应该弃诗的，这是上帝赐予我们修灵和守魂的私学！是在这个纷纭复杂的时代，我们用来自我平衡的雅玩！

时代越剧烈，梦想越珍贵！

所以，提出来个中国梦。然而，很多人并不理解梦的价值，活着只是赤裸裸向着现实名利冲击，尔后整个人被时间撕碎，所以空虚了，所以焦虑了。

人生的美妙，在于灵与肉相互安慰获得的平衡感觉，拥有这种感觉才叫“活着”。

灵死魂灭的人，不过是一具皮囊，终究会被空虚寂寞折磨到发狂。譬如流行于网络的各种炫耀，那都是失灵掉魂的抓狂，已经没有任何多余的东西与这个世界分享，只能通过外物炫耀、踩踏别人的尊严来证明自己“活着”。

邢小燕是个有灵的人。她用诗不断培植、不断升华她的灵。

① 符德坤，风险投资人

或许她没有富藏四海，也并非倾国倾城，甚至不能说是学涉古今！可就因为她有灵，可以用灵幻化出魂的世界，制造出无数个“梦中情人”，送给许多她喜欢和喜欢她的人。人见或不见已经不重要，藏在脑海里珍着护着，这样的幸福无关乎名利大小、身份高低！

把诗当作日记去写，甚至抽点时间读一读，都是对灵的培养。有灵就有梦，有梦就不空！当一个人咂吧咂吧嘴都能尝出月光的味道，土豪们的名车豪宅、山珍海味，都将被一万只羊驼呼啸着践踏成灰尘，如浮云飘散！这将是何等的高贵和自我。

失去的才知道珍贵，如灵的失去。

人们争相追捧“奶茶妹妹”，还有日下流行的“萌萌哒”，不正是人们对自己已经失去的灵的一种祭奠吗？那些令人遐想的清纯、幼稚、阳光、快乐……曾经是每个人都有的自我的灵，但这灵在对名利的追逐下渐渐消亡，剩下的，只是满大街行走的时装。

焦虑浮躁的时候，不妨写写诗，读读诗，读读邢小燕的诗。

2014 年 10 月 10 日

读邢小燕

王宏甲[1]

至今与邢小燕未曾谋面，却能得识她，也是依凭了网络。

初见她在网上办诗词学习班，入学者众。细看那课程、那问答、那作业，我以为均不凡，便生出敬意。继而向她请教有关诗词与办学诸事，更敬佩有加。这不仅因她的诗词造诣，更因她的性情，因她在当今之世的某种超然意境。

在她的诗词与她的存在之间，确有一种意境。这是她赐予我的一种发见。她的脱俗与随俗，也有如她的语言在诗词与白话之间的进出那样，获得一种自由与自然。我是钦佩的。

她的诗词造诣，我无力评述。只见被称作“天赋”的东西，是母亲在孩子婴幼时期就注意保护，并随着孩子的成长悉心培育出来的果实。长大后的小燕竟能“将自己最喜爱的几本古典长篇小说，全以五言、七言诗写就”，真是把我吓倒。

用文字表述生活，所受约束最大的莫过于古典诗词。对高扬自由的现代人来说，那固有的形式格律无异于桎梏，邢君能在那约束中飞翔如燕，可见她在那“桎梏”中是获得了自由的。

邢诗远不止“诗词造诣”如何，诗中有她的人生阅历，有她精神的黄昏和早晨，灵魂的高山与湖泊，有翱翔与跌落以及跌落后的心灵认取……凡此岁月印痕，她皆可看似随意地点染在他人拍摄自然风物的摄影作品中，其情形或如伟大的艺术家总能把自己的坎坷布置在他人的皱纹里。

2014 年 8 月 16 日 北京

① 王宏甲，著名作家、学者
国家一级作家

古意相揖，情怀沛然

［邢小燕诗集编后感言］

呼延华[1]

无意间，贸然蹈入邢君微博，夜揽至深，睡意遁消，心竟难平。

逐随经年，阅格律，品诗词，叹生活，难有几日疏离。烟火入诗，词曲家常，风物放眼，犹怀思量。每倾心一诗，得围观无数。邢君古文格调，谦冲淡雅，清新别致。

闲语浅聊，邢君执诗论字，同吾所思，感念陡生。

其微语，顽劣情萌，讥锋拙藏，不作激越，雅俗通达；其诗文，怀伤泼墨，狷介星点，末巧摒弃，持正而新；其立意，生活起微，从容蛰伏，江山云海，神凝形聚。君每作诗，信手拈来，动情辗转，心魂共炽，情怀沛然。君每赋词，不落窠臼，遥遥乎有古意相揖，令人心折，虽石水斑斓不可比。

“荷锄植美酒，却生明月花”，此乃诗意，亦为心境。

收小燕稿笺，一启蓬心，快慰莫名。又见富春一凡所摄美图，恍然顿觉：诗文格调难得，宽和情致难求，二者堪堪相融。诗以图兴，图增诗色，境界清通，文思画意明丽畅快，俗子避让。诗画一体，浑然天成，得见尺素盈心。

一路行来，君子之交。三年期冀，终成一书。遥想诗人身体，犹在痛境，令人神伤。忽念板桥当年：漫扫白云看鸟迹，闲锄明月种梅花。恰似诗人姿态，蔚然书卷矣。

甲午深秋

写于北京

[1] 呼延华，出版人

北京朗朗书房出版顾问有限公司

董事长

亦师亦友亦知己

房乐全[1]

多年以前，如是长夜。漫游博海，偶与伊人擦肩。顽皮，睿智，机巧，文字灵动如舞，离俗而雅。不由跟其一帖，不想却得迅速回应，惊喜之情难抑。好奇翻阅小燕博页，俨然一幅清新娟丽画卷。由此，吾沉迷于斯。

去年某日，小燕私信言有诗社，取名“随意”，竟邀我入社。遥想二十几年前，风华正茂，意气方遒，曾与友人共办文学社，逐梦想，痴文字，引领时代风骚。一时英豪气，却败给了生活琐碎。小燕一声轻唤，惊醒蛰伏几十春秋的文虫，日渐苍老的心蠢蠢欲动。

诗社初创，无根无绪，日日燕影繁飞，衔泥筑巢。心下疼惜，弱小女子，何以为继？同学同感，相约以助，师为表率，我等怎堪坐享？小燕虽小，谁知志高。以诗为化，以容为教。诗社一载，学诗学词，得遇此师，夫复何求？

蒙小燕错爱，授我副社长之职，自感愧然。燕于我，不以师居。平素闲暇，谈心如友。几多不眠之夜，君之坎坷，我之沧桑，相互以表，惺惺以慰。伊常笑言，我俩本是好搭档。君可知，此言轻重几何？感动溢于言表，垂君信任，我虽无才，却当不负。

相交数载，欣闻君将有诗集面世，不胜欣喜。君苦，我知；君乐，我亦知。不多言，默默于君之侧，待需一手之擎。

2014 年 秋夜于长安

① 房乐全，空间设计师
随意诗社副社长

書
琴
畫
棋

琴 [illegible]

一曲高山流水，千古绝响。人人识之，却非人人可得。

沉闷中享泰然，浅吟间洒情致。

不得知音，或可听万籁之音。

孤独，一个人，一颗心。

古琴之音，仿若寂寂天籁。

知音今日几无，古琴甘于孤独。

自绘小像

夜来飞针忙，

晨起煮羹汤。

莫道冬风冷，

厨下暖生香。

欲品世中味，

事事先自尝。

烟火皆入诗，

词曲话家常。

酸涩七情蕴，

文字以心量。

万籁或成句，

音律却难芳。

入世笑对人，

出尘泪沾裳。

昨夜女才子，

今日红尘娘。

注 某个冬天的清晨，一边煮早餐一边写下这首诗。诗，不只是风花雪月，柴米油盐的烟火生活一样可以诗意盎然。有人说，我是诗情画意之人。其实，不过是将繁琐冗杂记录成为美好罢了。

冬夜偶感

寒夜凉如水，宛若透骨冰。
十指痛连心，轻敲字有情。
声轻影寂寞，寥对遐思行。
千里路遥遥，芷兰映孤灯。
兰蕊今无梦，笛韵伴五更。
更更催花眠，何故拒周公？
琵琶弦虽美，音寂不如筝。
独见烟缭绕，未闻入耳声。
前路多险阻，浪急难禁风。
轻舟独缥缈，无人桨自横。
流水如有意，送舟至小城。

注 这首诗写于2010年冬夜。写稿子写到十指冰冷，停下来袖起手在灯下想心事，各种画面在脑海中闪现。诗里写出当时的孤单心境，还有一些感情上的失落与期待。

忐忑

倦寻路径。

碎碎旧事，纵算相问无人听。

欢曲凄冷，文字莫名。

欲书泪先零。

狂风吹不醒。

珠华玉盏，怎比石苔青？

淡墨写香茗，浓醉愁思盈。

左右不定，上下分明。

人立小长亭。

莫道伤情。

只恨绿意行，远晴。

注 全诗寄情于景。面对一份极具诱惑的职业，最终无奈选择放弃。那时，固执守护着精神世界的纯粹，一心想要剔除物质世界的纷扰。虽做选择，却仍有各种纠结。诗里所表，便是作决定之后的怅然心情。

夏夜

趁夜街中走，似入温泉游。

神昏昏，无厘头。

幸有小风过，扯发若拂柳。

熙熙攘，点点忧。

星月难将美人留。

空回首，半世休。

注 盛夏闷热难当，太阳落山之后才出门。温度居高不下，使人头昏脑胀。前面几句边走边写，纯写实范儿。抬头看到天上的月亮和星星，心底有种空落落的无依感，遂得后两句。

迷汀

提笔字已穷，

泼墨冷如冰。

江郎怀梦去，

宋玉未了情。

天涯掷书远，

红尘尽迷汀。

烟波三千里，

人海共潮生。

方寸可观世，

却与百味逢。

注 无处拾字是每个“码字”的人都会遇到的状况，我也不例外。心里有很多想法，却无力落到纸上，常常感觉茫然且无措。“方寸可观世，却与百味逢”，纵然是只小青蛙，也有它自己的喜怒哀乐吧。

逸致

日出绮霞舞，

月落半卷云。

晨星惜寂寥，

银河恋芳尘。

荷锄洒香籽，

采菊幽径深。

碧空遮愁雾，

坐赏雨纷纷。

莫论政经事，

只作风月吟。

对酒歌且笑，

从古论到今。

注 这首诗写于2010年。去一个新结识的女友家做客，那对夫妇算是业界精英，过着极为简单的生活，在自家院子里开荒种菜，每天准时回家陪伴孩子老人，一家人其乐融融。极喜欢他们的生活状态，当晚在微博中与人斗诗时，抒情写意遂得此作。

南山呓语

三尺剑，半壁窗。

美人落棋笑未语，野风过香樟。

楼中阁，桥底觞。

远客探溪惊莲梦，朗月牵石光。

古琴漫，单枞香。

山溪叠涌蜿蜒至，游鱼惧水凉。

夜色幽，夜目盲。

夜阑音寂天籁阔，秉烛观瀑扬。

难有惆怅，难生彷徨。

难起迷惘，难对苍茫。

最难以己衡万事，且以红颜换鱼肠！

注 南山，指的是重庆南山书院。某日，应朋友之邀前去喝茶聊天，无意中得遇书院掌院大人，一个极有才情的男子。他带我们欣赏了书院的琴棋书画四座小楼，心悦不已，遂起在此留居的念头。回家后，静心写下此诗，算是游后感想。

曦

晨起独立懒梳妆，
园中绿萝携朝阳。
轻取朝露作花雨，
种下此生几多狂。

注 早上醒来，发未梳，脸未洗，持花洒浇花时，灵光一现写出这首小诗。“种下此生几多狂”，嘻嘻，也算是当时清爽心情的写照吧。

春怅

春深乍见梨花凉，
识浅方叹不寻常。
虫鸣蛙语皆生趣，
桃红柳绿夜未央。
万千凄迷难自解，
闭门拾字煮茶香。

注 写这首诗时，心事重重。诗里写出了自认“识浅”，及由此而生出的“万千凄迷难自解”。“闭门拾字”是借口，也是安抚纠结情绪的无奈之举，不过是想努力找回心静的感觉罢了。

大漠行

漠海无垠，西风过。

寂寞如歌。

天流云，啸声如戈。

落日长河。

看苍穹，星月缀古树。

一抹寒青有还无。

望断天涯，皆是红尘客。

铁马伴我向孤烟，沙尘尽漠漠。

不惧风尘苦，脚踏离合。

执着少迷惑。

来时携梦，身无长物，尚余豪情几抹。

饮露，追羊，觅狼窝。

无羁无索，自由最难得。

注 从未踏足大漠，这首诗是听独闯大漠无人区的女友口述而写下的愿景。向往大漠与大海的人，多半渴望更广阔的生存空间。我算是极为典型的都市“套中人”，一直在自由之门前徘徊。

聚散

云推月移，星来雨去。

近水或有蛙语。

浅笑低吟，无酒亦有戏。

闲谈高论无寂。

数离绪，杳杳相忆。

午夜过，各奔东西。

人去车行急。

或问，梦何依？

仅循影儿，难觅芳迹。

似见长空半月独泣。

浮云飘逸，难拭迷离。

又垂首，慢步轻履。

竹叶悄涕涕。

注 夏夜，和同事聚餐归来，独自在花园里随意行走。适逢半月高悬，诗意便从心里跳出来：有意犹未尽的伤感，有望景抒情的落寞。

秋林饮露

秋叶漫天逐风舞，

林木缤纷待日出。

饮得夜寒揽明月，

露清气爽共星伏。

德载大道无形聚，

不拘一格笑江湖。

孤韵撩音轻歌起，

必含机巧暗香浮。

有恒持之万籁寂，

邻曲理辨澄玉壶。

注 这是一首藏头诗。“秋林饮露”，“德不孤，必有邻”：一位长辈以此十字自勉，我写此诗谨表敬意。自认为这是一首思想情感较为强烈的诗，通篇所写皆为思和意。

春雨

细雨轻飘下，

小风摇落花。

翩然叶乱舞，

莹然草自匝。

丝丝如银线，

缕缕似玉芽。

时时语无伦，

浩浩风吹纱。

晨起怅怅然，

难解纠结花。

注 梅雨季节。早上起床后被琐事困扰闷闷不乐，出门后看到细雨飘落的场景，遂写此诗。可景致再美，也“难解纠结花”。

燕燕于飞

风摇虬枝兮柳行，身入碧水兮影青。

远山出浴兮云淡，灰瓦素华兮画屏。

新枝兮弦成，燕归兮双鸣。

悲昨冬之雪尽，喜今春之叶灵。

难唱和兮且由神怅，秉轻率兮莫对心经。

檐上兮客居，倏忽兮中庭。

朝来兮衔泥，暮归兮揽颈。

翩然兮悦目，杳杳兮惘听。

由心性兮辗转，以神气兮顺宁。

谐音兮奔陟生乐，相背兮缱绻无情。

忽而觉世事通畅，鸟之意兮人之形。

碌碌无为兮苟活，悠悠闲适兮任命。

注 好友发了一张照片给我，图中双燕穿柳，灰瓦，白屋，绿水青山，美得一塌糊涂，喜欢得不得了。于是，当夜写下此诗。这也是我第一首“楚辞”体诗作，写后爱不释手。

歧路

一滴雨露绿荒原，

一寸侠骨震河山。

莫道人生总歧路，

三分清淡七分闲。

注 写这首诗时，心境开阔。前两句里有入世之心，绿荒原，震河山，挥洒了小女子个性中不多的豪气。后两句却又转了念，因为人生并非一路坦途，我仍希望自己能在面对世事时，有一种清淡且闲适的态度。前扬后抑，其实也是多数人避世行为的写照。

同路人

人生以步量，

行路尽苍茫。

细沙扑面至，

斗笠遮颜黄。

繁星落肩立，

明月摧肝肠。

幸得同路人，

笑语少凄惶。

注 这是为一个朋友的画作而题，写的是自己为能结交好友这样的同路人而开心。披星戴月也好，披肝沥胆也罢，人生最难得者，还是有人懂、有人知、有人伴的感觉。

夜澜

风送林间虫细鸣，

夜寂如澜梦如筝。

捻文敲字十余载，

又掺杂思一点情。

回首来时风雨路，

迷局步步辨不明。

他朝凭栏观沧海，

不立潮头听鸥声。

注 写这首诗时，生活工作陷于迷茫，感觉十分不安，看不清未来的路，只好说“他朝凭栏观沧海，不立潮头听鸥声”。“潮头”，“鸥声”，有风口浪尖与众人焦点之意。

晚春

昨夜杏花雨，
今晨桃柳风。
夜叹春来晚，
朝吟冬去情。
雨打百草叶，
枝噙幽香冷。
坐听花渐落，
行伴飞絮灵。
惟少蝶探问，
掷书将茶烹。
茶香不知味，
遥望烟雨朦。
烟雨江南好，
红尘辗转行。
江水三千里，
谁执东奔令？

注 这首诗是看到暮春景致后的一些遐想，由景及情，将隐晦心事徐徐道来。江水东流，是自然状态。人心东奔，却是对自由更奔放之姿态的向往。

一江愁

月倚流云望江州，

东去碧水愁无休。

未曾品得明月冷，

先见浮云遮沙鸥。

注 世事多与自然相依而生。江州，重庆之古称。此诗前两句写景，月望江州，只见“碧水愁无休”。后两句写人，尚未领会明月冷寒之时，已看到浮云遮了沙鸥影子。不可得，才会更冷。

西湖晚景

一塔如烛云下烧，
半湖似镜山边照。
昔时尚有白苏情，
今日谁与相媚好？

注 这首诗是看图而作，写完之后却被很多人误为情诗。我有点无语地表示，无非由景生意，想起白堤、苏堤之由来，再联想到种种种种。真不是情诗，好吧。

归去来

来如朝雾烟锁屏，

去若海潮浪淘青。

繁星逐云泪结雨，

简竹成书字间听。

惊鸿翩翩远去也，

寂寂赏月倚云东。

注 诗的前两句写人生，来时懵懂无知，去时如浪淘沙。中间两句是说，日升月落星繁竹简，都可以写入字里，用心去倾听领会。最后两句写人生之遗憾，有些人事如惊鸿般一掠而过。多半时光，还是要凝神静心做好自己。

傲娇

三杯两盏酒，

难解百般忧。

我自拥明月，

凭他笑风流。

注 诗的题目是网络流行词，放在这首小诗上，挺恰当。遇到那些解不了的忧烦之事，不如全部放下。明月当然不可以揽，揽了也是虚无。拥着虚无，任别人说什么都无妨。这心境，够豁达吧？

久别

多日不见江南月，
顷刻如沐塞北雪。
絮絮语，懒懒叠。
浮云不忍，尽将情意掖。
轻舟又去远，可将心携？
伫足听。
万籁俱寂，喧嚣尽灭。
怅怅间，三分温存，七分妥帖。
虚实妄纵，是耶非耶？
莫多思，敛眉而笑。
字与沧海老，文与风凛冽。
多情人作无情语。
诸怨休休，依旧豪杰！

注 离别，意味着想见而不能见。与友人相隔万里，更有各种难言滋味。那日，与远在海外的好友话聊之后，写下这首词，以寄惦念之情。思念再多，情意再多，也只能暂且放下。因为，我们还有各自的生活与工作，要认真面对与打理。

红叶咏

只对斜阳诉衷情，

一枝朦胧映山红。

萧然未去风流致，

肃杀难抵意从容。

秋雨或赠柔媚骨，

青山又洒半天彤。

人道盛极花更艳，

怎知经霜色更浓？

注 这是为一幅红叶照片配的诗。红叶已被前人吟遍，如何才能写出新意与别致来，当时颇为费神。看到照片中那抹斜阳，忽然就起了心，想将红叶与斜阳视为相爱的男女。诗一挥而就，红叶之品格也刻印在诗句之中。嘻嘻，这红叶有点儿像我，是吗？

逗字

长梦芳华锁，

岁月几蹉跎。

有心来饮酒，

无情以字说。

随手挥笔弄，

信马由缰罗。

相思心未懒，

落日伴长河。

注 人生就像一场长长的梦，被岁月锁着，一天天就这么流逝了。有心情就喝两杯，没心情时只好拿字来抒写心事。随手写下的那些诗文呵，仿佛是脱了缰绳的马一样肆意。尚余一点相思心，像落日伴着长河静静停在天地之间。

棋

畫琴書

凡世间情事，皆若棋局。

棋者，多为两人对弈。

少有人知，有些棋只宜一人独下。

或有解而无力，或有力而无解。

如斯种种。一而再，再而三。

见得其深远之意，方知诱惑无穷。

雪山遗梦

茫茫雪清心，

皎皎月伤魂。

仙姝叹千年，

寂寂难遇春。

遥望玉轮现，

惜无登月门。

世世不执手，

相忆泪无痕。

注 这是一首对我影响极大的诗。当时，女友拿了一幅照片让我写诗，照片中雪山上高悬着一轮圆月。诗是自己初心所见，稍显悲情了些。世上最美的感情，或许就是“世世不执手，相忆泪无痕”吧。女友说，她和我的思路完全一样。心有灵犀。

南山一梦

枇杷黄透。

红叶漫舞，雨遮山路。

暮秋时节初识。

心疑窦，前生回首？

执箸浅笑凝眸，怎心意相偷？

情切切。

火锅美酒，不敌倾城一颦柔。

情长只愿夜长留。

酒入喉，啜饮枇杷肉。

叹景美意难收。

梦无边，尽是离愁。

杯盘狼藉，仿若半生人世写就。

忽忆烽火戏诸侯，深情至此休。

注 这首诗应朋友赌约而写：若所写之诗引他感伤，他便从此服了我的诗才。好胜心所致只算其一，其二因这朋友是我欣赏之才子，诗词功夫亦不俗。用了二十多分钟写出这首诗，但想其意境却花去半天时间。结果，朋友读到落泪。我赢了，却笑不出来。写诗入了境，人容易难过。

五律 · 秋韵

落叶逐风走，
群鸦戏晚秋。
林疏窥意冷，
枝寂锁心忧。
未见斜阳过，
平添曲径幽。
敢思昨日语，
君欲几时酬？

注 秋日满地落叶，群鸦从林中飞过，人会是什么样的心境呢？从林疏看到意冷，枯枝上锁着忧心事。没有看到斜阳经过，只有林间的小路通往山里，看不到尽头。难免想起过去说过的那些话，你打算何时兑现自己许下的诺言呢？悄悄说哈，这是我按格律写的第一首五律。师傅评价：微瑕。

冬情

腊梅开尽绿叶舒，

恨未煮花结酒庐。

春识夏炽秋别去，

情至深冬有转无。

注 梅花落去，绿叶尽意舒展。花谢了，才后悔没有煮上一壶梅花酒。与友人对饮，春日相识，夏至时感情渐浓，秋刚来人却离别。及至深冬，那些许情意已从有变成无了吧。

相知

相知如日月，
相离似叶根。
若得一心者，
何必百年身。

注 看过纳兰容若与其夫人的故事后，写下这首诗。对很多人而言，若有一份诚挚长久的爱情如影随形，生死实在算不得什么。因爱而生的别离，也许是下一次的相约纪念。不是吗？

棋書

知友

心碎否？问知友。

莫以己心度人愁。

世上事，尽如秋。

无有一桩无有忧。

欲将纠结释，细思诸情由。

或有喜，或淤喉。

拿起放下，不过浮云楼。

前路未必远，真情不许休。

纵难牵手，亦可笑中留。

只惜愚鲁人，天真至白头。

注 这首诗是写给一位好友的。诗句很直白，也很好懂。能有这样温暖的朋友相伴而行，是幸运也是幸福。哪怕相隔很远无法相见，亦可“只惜愚鲁人，天真至白头”。

离别

绿意幽深蝉音藏，
柳丝为帆风作桨。
一橹摇得碧波皱，
千千心结逆流扬。
双目凝结白露至，
九九意凉遍地霜。
人生难堪离别恨，
此情更比远山长。
欲笑眉敛，摧断人肠！

注 我曾经是个悲离别的人，一直拒绝各种离别的场景和画面。每次与朋友分手之后，都会难过很久。这首诗写的就是与友人分离后的悲伤心境，自己读后甚至有遍体寒霜之感。

秋之思

秋来叶舞小笺娉。谁将鱼雁送？

秋叶漫飞琴瑟鸣。谁撷霜书梦？

秋月隐约浮云映。谁执玉杯冷？

秋树枯枝碧痕婷。谁凝露成冰？

秋云缥缈天愈澄。谁候晚来星？

秋露乍起寒气擎。谁为汝遮风？

秋雨阑珊影成空。谁为汝披篷？

秋笛悠悠至长亭。谁与汝音同？

转头无情连空城，幽幽暗暗又几重？

思愈浓。

注 这首诗写给女友。天气转凉，她身体一直不大好，又不爱惜自己。相隔甚远，不能陪在她身边，忧心、惦念之情皆入字间，盼她能明白一二。

惊鸿

扁舟未动心已远，
浮云漫舞人不还。
黛山染墨因离绪，
绿树孤影伫水田。
彤云飞越斜阳逝，
心神畅游水云间。
静待佳音久难至，
偶遇深情责眼酸。
虽有相思万万缕，
却少半分痴痴闲。
惊鸿一瞥倏然没，
从此不吟奈何天。

注 面对众多精美的图片，我的思绪总会发散，遐想无限：因扁舟想到离人未至，因一棵树想到痴痴相守，因斜阳想到惊鸿一瞥的怅然。诗情画意里，寄托着自己对爱情的另类理解。

红尘醉

踏烟赏雪冷，

对山话桑田。

杳杳相望久，

脉脉云水天。

执手无闲语，

坦心由镜断。

若得红尘醉，

天上亦人间。

注 别人都说，我写的最好的是情诗，可其中多半情意却并非自己亲身经历。有些是遐想，有些是梦幻，有些是听说，有些是眼见……这首情诗便是向往，向往人间极致的两情相悦。

半寸歌

斜阳脉脉云旖旎，
垂柳依依风婆娑。
远山蹙眉伤别意，
轻舟入水酿碎波。
离人渐思当日语，
秋叶偶忆那时说。
夜瞰风月笑凝泪，
晨起相思字成河。
西湖日出东湖雨，
一尺月圆半寸歌。

注 有一次看到网友发了张东湖的照片，与我见过西湖的一张照片极为相似，于是，便得了这首诗。诗意主要抒写两湖之间的相恋相思之情，化为“一尺月圆半寸歌”。

雪山

青山为谁白？

举目虚空霾。

千万树影动，

共筑寂寞台。

注 写雪山的诗有过很多，这一首是我比较喜欢的。从空中俯瞰，雪山其实和云彩一样，没有什么具象感。仿若茫茫空宇之中，悬浮着一座座寂寞孤岛。

青衫

青山绿水栖红颜，
马蹄轻踏离人还。
此生若待明月至，
执子之手水云间。
秋风起兮莲叶败，
魅影神游手相牵。
不求千娇百媚生，
石桥之畔待青衫。

注 从小看到石桥，就易生遐思：一个长衫男子立在桥头，等待他心仪的女子从桥上经过。这首诗却将想象中的人物角色颠倒了一下，原因是这首诗打算写来送给女友。她当时住在一个有很多石桥的小镇上。“待青衫”有些调侃意味，希望她能遇到自己喜欢的男子。

一叶菩提

一叶菩提落，垂首尽相思。

临风捧卷处，抚字痴。

伊人可笑，君心竟不知。

清狂连矜持。

几度离合生惆怅，欲语又止。

雪中送炭，伤魂魄全失。

两下泪长流，谁慰之？

悲苦由他，月冷对日炽。

难有再会时。

注 这首诗起首两句是我最喜欢的。原本是首五言，改成杂言诗后，感觉比之前更好。人生如诗，情之极致处，是不得比得更能铭心。

寂

天地无以悬，

清风懒相缠。

明月何所有？

抱拥一水澜。

注 冷峻的雪山之间，有那么一池碧水。蓝白相映的纯净澄澈之感，给人的感受无比空灵。当明月升上天空，它所洒下的银色光辉宛如怀抱，将那些纯美拥进怀里。想象，才有最美诗意。

愫

一丛萱草，六叶芭蕉。

八方雨潇潇。寂寥。

五竿修竹，二泉映月。

广宇无云飘。音妙。

九霄月寒，心生千结。

锁不尽杂思。缈缈。

山野绿意，层层叠叠绕。

三杯两盏淡淡酒，若能解辛劳。

莫再独酌，啜七情入喉。

浅醉三分，似比花娇。

深情，总悄悄。

注 某次小醉归来，数着手指写下这首诗。诗写的是寻常山野之景，表的却是内心的纠结杂绪。总以为深情无须说出口，方能显出矜贵，却不知未说出的情，从来只能是单行道。

相思吟

蝶影花荫魇。

竹黄叶飘零，揽颈依依，滴尽秋凉露。

浮云送月返，天罡不明路。

寒烟袅袅，谁消离别苦？

红笺小字书。无从寄。

余情盈盈，溢满塞外湖。

西风天涯路，少离人。

笛声悠悠，只影向何处。

此情从来无归途。

凭他远近，自锁心门柱。

三分秋意七分凉，十分相思。

可许卿卿诉？

注 世间最苦是相思，十分相思又是何种心境？曾有人说我是无情之人，却写出极好的情诗，可谓吊诡。我笔下的男女之情，不是相忆相思，便是一厢情愿的喃喃自语。只叙心声，不道暧昧。

灵犀

冬日寒山一抹红，

咫尺天涯心可同？

千言万语无从诉，

形单影只怨相逢。

银河或添月影乱，

晨星又照万籁形。

心如双丝空纠结，

不信灵犀一点通。

注 心爱的人不在身边，自然会生出无数胡思乱想。想来想去也只是场虚无，末了只能以“不信灵犀”四字来安慰自己。表面显示了强大，字间却写尽了渴望了解、渴望回应的细腻心思。

梦中人

一花一叶树离魂，
一茶一酒风劳神。
一来一去红尘苦，
一早一晚梦难沉。
一言一语一笑过，
一眉一眼一泪真。
东水难解千千结，
明月总向云云隐。
画眉恋花藏飞翼，
斜阳惜影润心痕。
从此不话别离事，
凭他深情苦煞人。

注 有人说，暗恋是世上最伟大的爱情。其实，两情若即若离时才是最美的感觉。这首诗写的就是对梦中某个意象的一些感受，对方或许有未说出口的深情，但纠结使人拘在困顿之中，反不如放开怀抱，或可寻得一些自在。

戏情

昨夜小聚首，

却把月来嗅。

戏言半弯月，

方可补缺漏。

孤影伴落日，

凄风佐冷酒。

唯叹逢君迟，

相见已白首。

红颜日日老，

可愿相认否？

此生无所谋，

来世不曰愁。

寄语痴心人，

深情定牵手。

日日与君好，

情长若水柔。

注 这首诗写于2011年的情人节。当时，在单位值班，看到网上关于情人节的各种调侃与段子，觉得很有趣，随手便写下了这首戏谑中带着对有情人祝福的诗。有时，对幸福和美好的期盼里也可以隐约地涵盖着自己。

青山

落笔起头难，

心魂犹未安。

红叶千千万万片，

写不尽空嗟叹。

相见无因见，

旧梦去复还。

寄望前生重结缘。

再游历，那青山。

注 想起多年前与友人一起登山的情景，感怀旧事，遂写下此诗。“相见无因见，旧梦去复还”，写的便是当时感受。人生很多事一去不回，所有寄望只余美好。

咏月

广寒宫外嫦娥舞，
清影堪怜寄相思。
长生殿内私语夜，
离别方怨识君迟。
呢喃私语怕人听，
执手泪眼月犹明。
酸言涩语风云会，
花雕美酒慰伤情。
举杯邀月对影酌，
与尔同和万古鸣。
休谈风月话经年，
却教长笛伴伊眠。
饮尽茶味甘愈苦，
品得月色暖中寒。
琴瑟却使锦花落，
醉意七分不凭栏。

注 2011 年中秋，和几个朋友斗诗取乐。斗完之后，把自己写的几首诗拼在一起，居然浑若一首。斗诗就是要靠手头功夫与巧劲。没什么话说，当然是我赢了。

长相思

颓楼逢萧墙，枯木怎锁芳？

翠袖轻扬，难抚眉伤。

红绡帐暖，不慰心凉。

筝清琴长。

解得风情，解不得此间怅惘。

云敛颜，月收妆。

天沐冰色，地惹霜。

织得一片青纱帐。

为谁送暖阳？

寂寂如是，遐思牵三江。

空空如是，愁比四季长。

注 相思写得太多，难免会掺杂一些矫情。此诗中或有矫情，却也是当时心境写照。所思者不知何人，所思却实实在在于心。又有多少人，会遇到此类情绪呢？

一地闲愁

月移星渺，夏日春雨住小楼。
茗香胜酒，半是润心半润喉。
且听更漏，有人欲走有人留。
聚散依依，无人添香少红袖。
低眉垂首，百般滋味在心头。
天涯路远，晚歌飘送惜影瘦。
忍看年华，人生过半净闲愁。
清风含忧，漪梦散作枕边秋。
含笑回眸，竟将浮云作沙鸥。

注 这是我极喜欢的一首诗。遇到一份深情，却无法接受或拒绝，在矛盾与纠结中放下离开。每个人都会遇到这样的情境吧。而把当时的心境细细描述出来，无非是给自己一个看似完满的答案罢了。其实，一切无解。

醉花吟

浅醉三分，闲愁万点。

桃红绯色，春意盎然。

望断天涯，离人不见。

月圆似亏，空忆缱绻。

杂思漫漫无边，怎消解心中挂念？

叹一声，念百遍，谁人解得九连环？

说一千，道一万。纠结无限怨，影儿总难连。

踏尽万水千山，唯一心素愿。

执手相望泪眼，絮絮话经年。

月星去又返，霞云共舞九天。

苦恋。

注 这首看似悲情无限的诗，写时却极可笑。某日和同事们“饭醉”，喝到小晕状态，对着电脑噼里啪啦一通乱写，也说不出写给谁，更不知恋什么。浅吟低唱，有时只是一种情绪的表达方式，与真实情事无关。

不见

惊鸿一瞥，倏然不见。

滴水未穿，秋波难转。

今夕何夕，星月无言。

花落不悲，花开无颜。

雨来无声，雨去消减。

开口难断，抚心难安。

暑气冲天，入骨风寒。

日盛光暖，夜星莫现。

月隐云后，不曰愁绵。

竹身渐弯，香冷残瓣。

枝叶痴望，影去未还。

晨钟声声，暮鼓点点。

情字冷暖，全隐心间。

注 四言诗不好写，这首得来却未费工夫。某个夏夜，在花园中散步，一些零星句子跳了出来，便拿出手机将它们记下，再加入自己当时的一些情绪。诗成，得赞无数，却终未得惊鸿一瞥。

昨日装

人落红尘遐思凉，

不与梦境争短长。

静极生惧意。

暮霭重重，点滴汇汪洋。

神未安，心愈伤。

今日仍着昨日装。

眉蹙抚不展，垂首亦张惶。

怕闻墨香。

戏文去，逗字亦张狂。

迷离扑朔情，莫失莫忘。

少费思量，仅余惆怅。

注 某天清晨起床，懒得换衣服，随手写下这首诗，以昨日装写往昔情，也算巧弄心思吧。逗字可张狂，谈情却未必能如斯率性。希望对方莫失莫忘，却提醒自己少费思量。表现了内心隐藏的冲突与矛盾。

心念

艳阳收冷月，晓风散朝霞。

东水长相忆，冷雾遮心华。

晚来不思寐，唯恋楚楚花。

茶清代酒醇，秋凉可念他？

脉脉情如昨，绵绵肺腑发。

一生遇一人，缘来如何杀？

注 一位前辈看到此诗最后一句，感叹我用字大胆，居然敢以“杀”与缘相接。说是险韵也好，说是匠心也罢，其实都是在感叹真情难遇，相知相守更难得。

子夜

清浅一点思，

滴滴浸伤城。

人去影不在，

细数又三更。

心似缥缈云，

形如柳丝风。

暖玉难生香，

依稀现愁容。

红袖夜添香，

愿解西窗冷。

晨星可托否？

烦传此般情。

夜来心碎音，

曦过全无踪。

注 从夜半到日出的一段时间，人会有哪些经历与变化呢？这首诗写的就是某个不眠之夜的那些个胡思乱想，虽然脆弱到一片虚空，却真实地反映出自己在某个节点的心理状态。

风月吟

晨起纱舞，竹清叶纯。

闭扉擎樽，窗启迎新。

天地俯仰，闲自思忖。

山衔微云，水接啼痕。

空忆旧时，似有狂奔。

夏末秋初，寒蝉孤村。

清风携梦，明月心荫。

花谢不悲，雪化飞尘。

惟馀风月，人影对吟。

千里嗔。

注 风月吟的未必是风月之情，或许只是某个生活片段的记录与延展。以写景入手，带入时令与人之形态，隐隐透射出真实，却又让人看得不是十分真切。千里嗔三字，既作人影对吟的结句，又道出诗中况味。

春暮

凉夜又沉沉。

风卷帘起，蛙鸣五更。柳长多一分。

桃李渐伤，花落亦频频。

春将去，梅雨来。竹叶深深。

清塘水，无涟漪。鱼雁迷津？

叩门，寂无人。

寻路，雨正淋。

大梦醒。书生恋蝶，谁假谁真？

行处，踏碎梨花雨。

履染香，有痕。

莲初长。笑望昨夜青茵。

注 某年夏季，沉迷于荷花之美，我写了很多咏荷的诗。有一天，与人嬉闹时想起“庄生梦蝶”的典故，结合当时心境，写下这首恬淡闲适的杂诗。诗里所表亦是一梦，此梦与书生之梦，孰假孰真，同样无人得知。

别调

一寸相思三季秋，

几枝蒹葭万般休。

黄昏难唱别时调，

清风乱弹字间愁。

注 一寸相思，抵得过三个秋天那么长。但是，等芦苇开了花，一切便结束了。黄昏景致虽然极美，却唱不出离别时那种心情。只有清风，才能吹乱字里隐含的哀愁。

离歌

情深陌路隔，
怅然神魂索。
风输离别恨，
谁与共长歌？

注 这首诗写的是情到深处人无言的分离之境。曾经有人追了两年要买它，我始终未舍得。人的心态真是很奇怪，钱与情都是心之所向，但两者放在一起，总让人感觉不那么纯粹。或许，这种想法也是书呆子的一种执拗吧。

观云

半天烟紫半天橙，
半翅钻云半翅风。
半心凌乱半心弃，
半路雷雨半路晴。
一心独对一明月，
月初月半两相逢。
澄明可许无净水？
青山难掩岁峥嵘。

注 这首诗写于2011年8月初，那是我情绪陷于低谷的一个阶段，第一次悄悄从一个城市逃离。在飞机上，看着天空云彩的变幻，想着那些深藏的悲哀，那些字渐渐从心里蔓延出来。诗里所描，只是一种愿景，极不现实。

秋风

旧时旧情旧影留，
新季新月难解忧。
来年秋风吹过往，
可有人儿伫小楼？

注 过去的那些事依然留在心里，新的季节与月亮也解不了这些忧愁。来年秋风如果把过去的一切吹散，可会有人儿住进这座小楼？小楼系双关，一指心楼，一指实景。

迷

如烟如雾迷离尽，

飞花飞絮撒天真。

回望茫茫来时路，

亦失风雨亦失心。

注 一首迷茫状态下的游离之作。期望着迷离散尽，柳暗花明，但世上事怎么可能尽如人意？没有人能看到未来，我们总是沉迷于对过去的回忆。虽然过去没有经历过什么风雨，但同时失去的还有一颗奋进之心。

断情

一世尚且无定数，

何敢奢砌三生楼？

若遇真心尽全力，

偶得深情莫松手。

彼岸花开至荼蘼，

怎阻绿柳绊芳舟？

劝君惜取心中景，

莫再误判错不休。

注 名为断情，诗中表的却是惜情。看似矛盾，其实却不然。有些人本不知爱为何物，自以为遇到真爱便舍身以付，结果只是徒增烦恼。这首诗便是劝告别人：遇到真心深情当然应全力珍惜，但不要把滥情当爱情，认准了一个人，就好好走下去。

棋 書 琴 畫

弹情

衔水筑田园，

拈枝挑情绵。

坐看风云起，

相觑两无言。

注 这首诗是为奶奶的一幅照片所写。照片上一对鸟儿呆呆相望，江南烟雨，枯枝萧索。不知为什么，感觉这对鸟儿极像围城之中男女，从最初甜蜜温暖到后来的冷漠无言。不知是季节更迭改变了情感，还是情感变化造就了季节。

心上秋

风亦凛凛，雨亦凛凛。

此心寂寂词难印，凄凉不过相思沁。

语亦彬彬，泪亦彬彬。

三生浮云知而今，两厢眷恋独自吟。

朝曦冥冥，夜色冥冥。

晓来露重滴竹泪，晚入梦魂湿香巾。

月亦颦颦，眉亦颦颦。

菊香先至浸罗裙，酒醉或可解伤心？

聚亦知音，别亦知音。

纵算万般皆是梦，莞尔一念情胜金。

注 心上秋为愁，愁自心中来。有人说，暗恋是世上最伟大的爱情。这首诗表现了思念心上人的感觉，字里行间透出无尽哀婉与伤感。对方是心上人，亦是好友，才会有“聚亦知音，别亦知音”的慨叹。秋日萧瑟，秋情扰心。

无双

七情焚五脏，

独自悲夏凉。

千里遥相忆，

泪尽影无双。

斑驳陆离影，

东西南北墙。

晨钟暮鼓冷，

白发因愁长。

风过浮云散，

翠意渐次黄。

失却娇媚音，

冰心自成行。

注 有些情感是单向的，有些喜欢是没有任何理由的。一个人在炎炎夏日为千里之外的另一人而悲伤，许多东西都能引起难以言说的凄凉。因为这份想念，翠意变成枯黄，白发渐渐生长，连声音里的娇媚都渐渐失去了，心凝结成冰，唯有泪两行。

岸

朝暮不分景，

夏秋难合汀。

一江虚无水，

却教相思行。

注 一水之隔，两岸像是情侣。早上与晚上的景致相似，虽然转换了方向，风物却未曾有过改变。季节更迭，两岸却永远无法合在一处。痴痴望着空荡荡的一江水东流而去，相思之情奔腾在水流前面。看似平淡之中，隐藏着无尽感伤。

桃花巷

水巷幽幽桨声悄，

灯光昏昏春意憔。

碧波蹙眉嗔带怒，

粉蕊丰姿羞含娇。

古城自有古筝事，

高山弄弦流水潇。

似有小舟摇橹至，

与尔夜渡闲愁抛。

注 女友发给我一张桃花水巷的夜景照片，极喜欢。看到这美丽景致，心旷神怡之中写下这首诗，寄托一种深藏的情愫与向往。

树

诉尽离别意，

依旧纠结绪。

不若各成林，

风卷相思句。

注 两棵树相距再近，也无法相互痴缠，如同两个相爱却无法相守，不得不终身相望的人。各自安好，各自思念，只能让风卷着相思的句子传情达意。

忆

月落潇湘水，云洒相思地。

声，细细。

寒星过窗来，孤影飞叶去。

夜，密密。

难叙别后事，不听阳关曲。

影，寂寂。

风过窗，卷帘漪。

提笔，怕墨稀。

多少有痕诗，多少颠倒戏。

多少调笑，多少嗔怨，化作一声泣。

玉染瑕，人无计。

林下抚琴处，休提。

三生石上，再议。

又见蝶舞，似闻花香起。

注 写思念的诗，前面写相隔两地的情境，用声、夜、影来映射环境的孤寂感。中间部分转承，由景及人，几个“多少”写出心里的不甘与幽怨。后面又续写幽怨之情由，相逢恨晚只待来生。最后两句写出对未来或来世际遇的一些美好期许。

虬枝

孤影未许寂寞言，

桃李化作雪雨还。

绛唇难解虬枝意，

春风不透皂衣蓝。

一缕相思万点绿，

不上心头共水恬。

注 面对一树苍劲枯枝，你会想些什么？我把它当作一个思恋的对象：因孤独而寂寞，叶落而枯。如果春风送来一丝暖意，它或许会因相思心切而生出万点绿。纵然对方不知，心也可以像湖水那般恬静自然。

蜻蜓小荷

蜻蜓点初荷，

垂首向谁歌。

音细不可闻，

情灭两蹉跎。

注 小荷尖上伫一蜻蜓。没有人知道，蜻蜓在为谁低声歌唱。声音越来越小，几乎听不到的时候，情意也渐渐消失。蹉跎了时光，伤感了岁月。

情话

弄笛思凉州，

醉眼观星楼。

与君一句言，

半世从此休。

注 每次摆弄笛子就会想到《凉州词》，还有那时喝醉了一起在楼顶看星星的日子。和你说了一句玩笑话，结果竟然成真，半辈子如预言一般过去了。字里充满悲凉与无奈，还杂陈着对往事故人的怀念之情。

羞

折枝不惜绿柳，

弄笛又怨音愁。

望断春江花月，

听得声来影走。

凭他檐下徘徊，

有人巧笑低眸。

注 这首六言是和朋友斗诗所得。当时所写一二十首诗中，唯此首令我喜欢。写春景及春情，表现了一个女子等心上人来相会的纠结心情。人来了，她却躲到一边去。看心上人焦急地走来走去，她反而偷着乐。女子俏皮刁蛮的个性跃然纸上。

寂

浮世徐徐渡，

余生漫漫沙。

心有一枝叶，

不看四季花。

注 感情这东西，奇怪得很。有时缺爱需要很多人哄，有时却又独立之极。归根到底，不过是心里少了一枝叶吧。繁花似锦又如何？我只喜那一枝专属。

文章

心无杂思出妙章，

人遇相知识怅惘。

妙章句句皆由心，

怅惘丝丝因人长。

杂思百转省自身，

情深几许莫细量。

注 心里没有杂思才能写出好文章，人只有遇到知音才懂得什么是怅惘。妙章由心而发，怅惘因人而长。杂思缠心时需要自己反省，情意再深也不能拿尺子仔细丈量。可是，情为什么不能细量呢？想必有相逢恨晚的感觉掺杂其中吧。

别亦难

秋风阵阵不觉凉，
浮云悄语探斜阳。
远影唯见孤帆悬，
碧水却撩瑟瑟伤。
沙鸥正逐红霞晚，
悲鸣声声意惶惶。
随波逐流辨时势，
顺水推舟话短长。
纠结难解离别恨，
一缕青丝不敢量。
洗却铅华待明月，
风雨若来无欲刚。

注 要从一幅秋水长天的照片中读出一番情意，是需要联想的。或者说，需要内心有丰盈的情感，需要一种离别之后不再怀有希冀的心情。但纵算风雨来袭，能因未抱希望而更加坚强地面对吗？答案是：未知。

晚秋寄情

西湖畔，柔波看惯。
斜阳倚孤山，映草青林闲。
红叶将风挽，神懒。
一叶轻舟慢，枝头鸟正欢。
倏然使心卷，似见蜀山。
谁赋燕南飞？或凭栏。
离情别绪，尽隐字间。
秋雨潺潺，人不眠。
依依难舍，倦相缠。
坐看浮云起，笑意自妍。
拈心香一瓣，别于发间。
令风传，千里彼岸。
情，意绵。

注 西湖之畔，柔美的湖光让人心醉。在美丽的夕阳暮色之中，懒懒地怀念起蜀地山水。他在为我的离去而伤感吗？有没有写下一首燕南飞，将所有思念寄托在文字中？秋雨潺潺，人却无法安睡。疲倦与心苦苦纠缠着，拈起心香一瓣，让风把绵绵情意带到千里之外去吧。

恋恋风情

小月到天西，

与君对影栖。

天地浑难顾，

心念两相依。

注 诗中最喜欢第一句，其实是诗社学生所作。心念动时，拿来续了这首诗。两情相悦，美极！

書

琴畫棋

自有文字起，书便使人沉静，使人开始更多地思考。

刻在简上，重而知义。印于纸间，轻薄晓理。

人，有时像书。读之，意味无穷。

心寂寂然，徘徊于世间。

将灵魂锁于文字的十字架上，用情意串起生活片断。

记人。叙事。铭心。

八月二十九

霜秋寥寥，八月桂香飘。

秋渐深深，荷叶漫相绕。

北风将心绞，泪还笑。

乱红对残黄，露重寒烟了。

游子身上袄。

历历旧光景，仿若离离原上草。

韶华剪剪风，乡音却杳杳。

忆当年，红颜尚在色未消。青葱恰恰好。

幽幽林深处，千千心结，总为斯人憔。

光阴如梦，流水冲石桥。

青丝换银发，渐渐老。

注 阴历八月二十九是我的生日，在桂香之中，有北风吹过，将深深的思念送给远方的母亲。诗的后半段，是猜想母亲年轻时的那些经历。似水年华之中，母亲渐渐老去，而我却不能陪在身边。感怀之中，无限忧伤。

雪山豪情

天山皓雪映霞光，
大漠少绿尽沧桑。
都说文人少奇志，
今见丹心侠气长。
一文传阅众星黯，
内蕴忧患盼曦阳。
书生笑望前路远，
不惧他人道痴狂。

注 这首诗写给我很尊敬的一位法学专家。当时，他因故转职到天山之下，历尽沧桑而初心不改，这份执着值得每个人敬重。

美人念

美人如花千里远，

思也涟涟，忧也涟涟。

影过无声空记惦，

说也无言，写也无言。

独角之戏甚难演，

唱也难堪，舞也难堪。

万事本应放两端，

左也周全，右也周全。

皆系执着生痴念，

收也难安，放也难安。

孤旅独行人心闲，

山也缠绵，水也缠绵。

不如牧马至天山，

心也雪莲，人也雪莲。

注 美人，是我的女友，一个不让须眉的豪气女汉子。她喜欢去大漠草原游玩，而我在每次思念她时，都会想起那些地方。想一个人，却不能与之相伴是一种怅然。这种思念，可以化作雪莲一样的美好祝福，代替我陪在她的身边。

寻幽

小镇风情夜，

山前峦翠微。

寻幽携幽返，

疗伤带伤归。

城中灯火明，

乍望杂思催。

注 带着破败的心情到深山小镇里找寻幽静感觉，表面上看是携幽而返，其实却带着旧伤而归。远远看到熟悉城市中的灯火，那些杂乱思绪又涌上心头。这种感受，不仅我亲身经历过，你可能也会有吧。

思乡

风卷落叶一地凉，

瀑落清池琴音长。

山抹微云半含泪，

月上西楼又思乡。

注 写这首诗第一句时，是在作此生很重要一个决定的晚上。走出囚禁自己的心笼，找到自己想要走的路，而这一切都缘于一个好友的开导。诗的第四句，是好友为接我第一句而写。第三句，又是另一个朋友送我的句子。把这些诗句拼在一起，却正好代表了那晚我的心事：想家，想妈妈。

凭他

人说知莫言，
事迁两嗟呀。
能得几分真，
能行几分差？
渐萧索，多少意味随风下。
不作深情语，不对昨日天涯。
莫道阴晴圆缺由天定，
其实深浅远近只凭他。
或为青花，或由心发。
观人，宜隔纱。

注 这首诗讲述的是男女之间的微妙情感。事过境迁，真假对错都不再重要。萧索情意，被风吹得散乱不堪。何必再说那些深情的话语？何必再留恋往日的恩爱？也许还可以继续美好，也许心里仍留恋不忍别去。只是，看人看事别再那么透彻了，隔纱而望是维持现状的最好方式。

念卿卿

乍见有人翻旧词，

又听剔烛许多痴。

往年常念卿卿我，

今日望伊欲语迟。

世事未更境遇改，

道是无情灵犀知。

惟愿佳人日日好，

天凉心莫榻青石。

曾经沧海难飞渡，

相见不如长相思。

注 2013年秋，女友忽然心绪低沉，使我担忧不已。那时，我们之间因一些误解，关系有些疏离。一边是惦念一边是心疼，另一边却是自己要命的自尊与不肯低头。矛盾之中写下这首诗，杂陈着我们之间的矛盾与纠结。

夜归人

轻提裙裾，悄踏石阶，晚来路昏昏。

耳畔细语，两声嘤咛，醉了夜归人。

星去无影，月亦羞隐，枝叶笑天真。

云过风拂，虫啼蛙鸣，唧唧声更深。

流水音重，远山黛青，万灯对影嗔。

多少殷勤无处觅。

却更向，千里之外寻。

注 夜归人是我。当时在报社编辑部工作，下班时已是子夜，接到女友电话，一路长聊。挂电话时已经到家，随手将当时边接电话边行路赶车的情景以诗相记。诗最后两句，是解释为什么要在千里之外寻找这份温情。或者，只有关系好到一定份儿上，才会生出这种感慨吧。

念亲恩

元古混沌开，
女娲补天般。
不为千世功，
全凭悲悯心。
自然生万物，
万物皆有根。
有因方生果，
果香谁念因？
儿女走天涯，
思乡泪满襟。
何处觅萱草？
无忧奉母亲。

注 专门写给母亲的诗不多，这首诗原本很长，却因有些句子不很满意，被我删掉大半。在我心里，什么样的词句都无法描述母亲，什么样的美文都不能代表心意。曾经唯一的小小希望，就是想让母亲开心快乐地度过一生。而这，在母亲离开之后，也终于成为幻念。

麦田

麦花翻舞腾细浪，
风送依稀田间芳。
正午遍洒金黄色，
子夜明月覆银妆。
汗滴垄上十分苦，
六月沸语煮笑忙。
百里千里翘首盼，
点头摇头念故乡。

注 未在农村生活过，却对乡野有一种异乎寻常的亲切感。大约是因为父母皆来自农村，他们少时的经历在我记忆里特别深刻的缘故吧。这首诗，写的是想象中故乡农忙时的场景，父母少时应该经常见到。

长相忆

草长莺飞蝶正多，

河畔踏泥树婆娑。

鲤鱼闻名不见影，

莫怨舟下泛黄波。

今日今时今夜看，

似是而非系旧河？

无人逐鹿中原境，

碧水只与天同色。

何时再邀岸边柳？

昨日少年今时我。

注 喜欢黄河，喜欢黄河边的一切，那里住着我的亲人朋友，那里才是我永远的家。有人发了一张黄河的照片，看着照片中清亮的河水，与记忆中的感觉相差好多，但也勾起自己少年时在黄河边游玩的回忆。思乡而不得归，挺伤感。

美人吟

浣纱江畔浣茜纱，
故国飘零凭雨打。
塞外苦寒不毛地，
迎来汉庭一枝花。
静夜芳叩使月羞，
浮云难掩珠泪下。
长生殿内连理意，
大难临头断琵琶。
征伐战乱竞逐鹿，
欲保江山输娇娃。
沉鱼落雁尽悲情，
可怜闭月与羞花。
都说红颜皆祸水，
史书尽污女儿家。
千年传说绕梁久，
美人当年皆是侠。

注 看到这首诗，奶奶曾好奇地问我用了多少时间写成。当听说我构思写就整首诗只花去十多分钟时，惊叹并赞赏不已。当时，很不喜欢一些男人动辄拿“红颜祸水”说事，写此诗便是想以四大美女的传说为“红颜”正名。心所愿也，而已。

菊色

菊开山野芳，

不许秋叶黄。

众目睽睽看，

烁金字字凉。

无有半分意，

何必弄文章？

酒尽祛残色，

且去使心盲！

注 有朋友搜集了网络上一些咏菊诗给我看，首首华丽，却找不到一句值得玩味。写下这首咏菊，明为写花，实是写字。一直认为平仄为形，诗意为神。徒有形而无意的诗，就跟空心人一样。心盲者，或有心形在，却因外力而障了心目。

琴書畫棋

观世

遮遮掩掩一线天，

扭扭捏捏歪枝干。

摇摇摆摆叶乱舞，

闹闹嚷嚷鸟喧天。

神神鬼鬼风吹树，

渺渺杳杳花敛颜。

愤愤吼吼冲云霄，

悲悲凄凄谁堪怜？

注 叠字最能代表强烈的感情。这首用叠字来描写世相的诗，是我在十分愤青的年纪写的。人的思想走向一个极端时，会给自己预设一个立场，然后将与此立场相反的一切视为错误。走过那段时光之后，发现自己对世界的认知真是太浅薄。

文痴

晨起远瞰喜叶黄，
晚入竹林未闻芳。
夜长不寐因文醉，
昼迎百态尽荒凉。
今时不作女儿态，
娇言媚语力何扬？
何日能得千里驹？
送我驰骋上沙场。

注 用从早到晚的一些意象画面，来表现自己的心境。这些荒凉心境产生的根源，是因为自己的女儿身吗？诗里没有提问，后四句却给出明确答案：不喜娇言媚语，只愿驰骋沙场。女人在职场或有困境或无力，只有任思绪飞扬。哪怕，穿越回古代变一回木兰女也是好的。

菜之伤

青青小苗最寻常，
菜农心底如冰凉。
无商收货泪不尽，
缘何菜市价高扬？
源头终端皆叫苦，
谁人中途饱私囊？
公卿仕者何所为，
只管餐桌菜生香？
请君细品此中味，
农家根本焉敢伤！

注 2011年菜价高涨之时，却有不少地方菜农叫苦不迭，说是大量积压的菜烂在地里卖不出去。一边是城市普通居民嫌菜价太高，一边是菜农赔本也赚不来吆喝，问题到底出在哪里呢？这首诗就是在那种不解与愤懑的情绪中写成的。

秋梨歌

人唱金秋曲，我悲秋梨歌。

非是反清平，街头遇翁婆。

雨中迎风立，叫卖家乡果。

西北雇车行，西南当市搁。

不敢投店去，寒夜将衣裹。

只盼果换银，或能慰饥渴。

无人询价来，市井影寥落。

悲戚不能言，三季白忙活。

春开满园雪，蝶舞蜂如梭。

日日勤照看，夏阳犹胜火。

秋收难有成，无钱无话说！

错了么？

注 2013年秋，朋友遇到一对甘肃老人。他们千里迢迢来到西南卖水果，谁知却遇阴雨绵绵，水果滞销难卖，老人在冷风中等待寥寥无几的买家，令人心疼。听朋友说过之后，心里很不舒服，仿佛能看到老人家失望无奈的表情。我只能写下这首诗感慨，却帮不了他们。书生无用啊！

秋尽

提笔手书寄案台，

三月三月雁未来。

且将心事由冰藏，

丁香花下将字埋。

十字结蕴桂子香，

何用他人解意忙？

秋风已将花事了，

飞雪难覆一树黄。

注 提笔写了封信放在桌上，等了三个月又三个月，因为大雁未归，这封信也没办法寄出。只好把心事用冰冷藏起来，暂且埋在丁香花下。转眼又是桂花飘香时节，自己的心意别人又如何能了解？秋过时花事已败落，就连漫天飞雪也盖不住那一树枯黄的枝叶呵。花事了，一树黄。明写景，实为情。

逐世

朦朦胧胧世间情，
弯弯曲曲人生途。
忙忙碌碌为生计，
晃晃荡荡红尘浮。
真真假假是与非，
高高低低来凑数。
长长短短以步量，
疙疙瘩瘩因锁梏。
蝇营狗苟争高位，
战战兢兢将利逐。
哭哭笑笑半生去，
清清净净一世福。

注 常听人说随波不逐流，但却没几个人能做到始终坚持自我。我们大多数人在与现实的对抗中，渐渐失去了梦想的能力，越来越“泯然众人矣”。写这首诗时，我以为清清净净是自己最大的梦想。如今转头来看，那时的自己想法好幼稚。因为，清净是需要资本的，而我偏偏没有。

蟹之伤

张牙舞爪性烈狂，
横行霸道表乖张。
六长两短八条腿，
死缠烂打为利攘。
你掐我咬争两枣，
无法无天横路闯。
壳厚嘴尖争上游，
装模作样高调强。
螃蟹亦通世间情，
举手投足显妙章。
青蟹变色说凄凉，
人间正道是沧桑。

注 为什么要写螃蟹，我忘了。但写时是极用心的，以蟹来比喻某些机构的某些人。死缠烂打，壳厚嘴尖，装模作样，无法无天，都是这类人的特征。哪怕再横行霸道，他们也逃不了被烹的命运。到那时，他们才会开始感叹自己没有走正道吧。

休休

愁住心上楼，

季幻即成秋。

黄金入眼老，

锦绣随风休。

注 愁思杂绪通常住在心上，心上的季节变了，或许就是秋天了。心上秋，为愁。在这种心境下，黄金看在眼里也过于老旧了，再美的锦绣被风一吹，也会烟消云散。对外物淡然的不是人本身，而是某些时候的心态。

城市

赤橙黄绿青蓝紫，
嘻笑怒骂爱恨痴。
高低贵贱擦肩过，
远近亲疏背影驰。

注 有个朋友拍了张城市夜景，有很炫目的光感。为城市繁华写诗不是件容易的事，想了又想，方才落笔。从光影到情感，从人群到关系，城市中的我们，不正是这样日复一日吗？

珠玉

珠玉本不俗，

俗在众人扑。

玉碎性犹在，

君子世有无？

千金买一字，

何雅何又俗？

注 有一次遇到一个人，说什么诗书画为雅，珠宝为俗物。听得我鬼火直冒，与其争论了几句，信手写下这首诗送给对方。在我看来，世上万物无有雅俗之分，只有人性之差、人心所向。

正义

正义像只鸟，

飞上枝头吵。

聒噪为利来，

势灭声渐悄。

注 每当看到有人高呼维护正义的口号，我都会迷茫地仔细打量，因为不知道他们想要表达的到底是什么。人是种很奇怪的动物，但凡与自己利益相关，皆可红口白牙指认其为公理正义，反之便是邪恶。正义，真的这么简单吗？不过是被人左右的鸟儿罢了。

公权

烽烟烙烤火势旺，

江河湖海水无量。

怼怨怒忿心作柴，

吃喝咆哮任嘴张。

注 对公权的监督不力一直是各方关注的热点。这首拼字诗，从一个侧面表现了公权在民间的负面形象。字为形，形而上，什么时候才能把权力锁进笼子里呢？谁也不知道。

诗心

时移世易人如故，
一身诗意为君出。
华盖繁礼冷眼看，
素衣简行信手涂。

注 诗心，是一个很虚幻的词，没有人能真正解释清楚。曾被不止一人评价为有“诗心”，但我觉得诗心其实就是诗之意境的新、奇、趣。不管时间如何流逝，人的本性极难改，这一身诗意其实都是因为你才显露出来的，你知道吗？我却不喜欢那些繁琐华丽的日子，只想简简单单随手写些诗文罢了。

赠凤凰

市井烟火，
山水生活。
芝兰情话，
因诗而歌。
陌上花开，
珍重懂得。
水本同源，
天真你我。
别去依依，
思之心和。

注 凤凰是我的诗友，一个豪放派的才女。与她初识，仿若故旧。2013年冬，她专程来重庆看我。在一起玩了两天，言笑楚楚，无话不谈，以性情相交便少了很多世俗与矫情。分别时，略有些感伤，写下此诗作为纪念。

无题

壮士出海去，舟轻狼影追。
热血如旗展，丹心映月辉。
孤立苍茫岛，钓得残阳颓。
空有卫边志，叹无后援随。
双手因贼缚，一夜白发催。
柴门闻犬吠，寒夜无人回。

注 这首豪迈苍茫之诗，因为某些事引发很多人的共鸣。我记性不好，具体什么故事已全然忘却了。

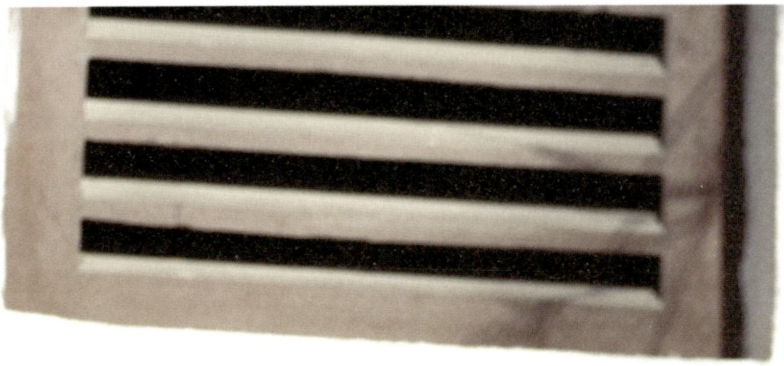

无用

心事渐接寥落，

无由难对人说。

朝云暮色俱难得。

只余七月流火。

辗转塞翁失马，

进退无可奈何。

高蝉低蛙又欢歌。

相弃不究因果。

注 诗题为无用，有些自嘲的意味。诸事不顺，难免心灰意冷，难免心浮气躁。想再多也是没用，说再多也是妄言。人，终归还是要着眼于现实种种，才能将各种繁杂理出头绪。

琴棋書畫

凡说诗情，必提画意。诗画相衬，相得益彰。

诗由心发，心因情盈，情因人在，人共物存。

能以诗写出图画之美，难。

能以画映衬诗之情致，更难。

“物色之动，心亦摇焉。”

只凭一颗体世情百态之心，将诗之情致融于万物之格。

画中万物，皆可是我。诗中诸情，皆蕴巧思。

梨花吟

枝上花如盏，
盏盏为君添。
素朴卸红锦，
雅致消赘言。
不迎蜂蝶笑，
只拥星月闲。
逆风可解意，
沐雨乐尘寰。
飘哉天山雪，
坚兮四海盐。
春意拔秋瑟，
从此唯叶悬。

注 2012年晚春，无意中在小区花园拍下一张梨花照，越看越喜，遂起意写下此诗，一为记事二为叙情。表面上看起，是在写梨花之姿态与形容，内里写的却是从温柔烂漫至相思离别的男女之情。从此唯叶悬，给这份情感挽上结扣，无尽感伤由此而生。

咏苔

清泉石上流，

苍苔水间愁。

曾迎林中雨，

亦共风里秋。

前尘斑驳事，

尽刻点点忧。

注 偶然看到一张照片，清溪潺潺之中隐约可见青苔点点。想起与好友相识一路的点点滴滴，诸多感慨在笔下流转，成就此诗所涵盖的情怀与意境。

荷之魅

碧荷舒玉盘，

落日远青山。

波轻风莫扰，

水静影才娴。

辗转不忍去，

缘由一枝莲。

注 一枝荷与夕阳相互映衬，会让人想起什么？这样一幅美图，勾起我万千想象：落日为什么迟迟不肯下山呢？它是不是在留恋那枝美丽娴静的莲花，才舍不得离去而再三徘徊呢？第五句原本用的是“不忍落”，好友建议改“落”为“去”。炼字精妙，缘来由此。

春意

天若碧玉潭，
叶如紫罗簪。
春意怎去寻？
全在望春眼。

注 2011 年初春，看到天空与紫花相互映衬，颜色鲜嫩透润，如同温玉般沁人心脾。春意，到底存在于哪里呢？只能是在望春人的眼中，而非他处。

天籁

绿风山间翠，
玉冠峰上淑。
云卷万象起，
草润自然屋。

注 本来这首诗写了八句，奶奶看后，说这四句已经足以反映我的思想与所绘画面的一切感觉。虽然一向敝帚自珍，但对奶奶的建议却极重视。听话孝顺，是必须的。

嘲

苍穹谁舞笔？

抒我天地怀。

一任清风弄，

尽洗明月霾。

注 天象的神奇，有时是人类无法想象的。正如我看到这幅图片，心里所想正如诗中所写。只是，不知谁才配成为那个天地之间最强大的丹青妙手。

暮色蒹葭

斜日隐蒹葭，

苍穹织暮纱。

乱云天寂落，

宛若碎青花。

注 夕阳与芦苇交相辉映的美景，令人遐想无限。当夜幕降临，万籁俱寂，谁忍心打破此间如青花一样的美好呢？天边乱云飞舞，偏要搅了这宁静。

咏木兰

满山木兰灿漫时，
谁人花间顾盼痴？
今日懒对明朝败，
空谷能余几重思？

注 木兰花开，满山灿漫，谁在花间顾盼迷醉呢？花在盛开之时，往往懒得去思考明朝败落的景象。等她凋谢殆尽，空空山谷间还能剩下什么样的念想？

忆西湖

几根枯枝水上黄，

一纸白宣涂苍茫。

都知莲子心内苦，

谁探碧水怀中凉？

千绪莫因寒霜去，

万般皆因浅淡长。

犹忆八月西子风，

半湖绿荷系红裳。

注 冬日枯荷在游人眼中或许不算什么景致，但它独具的气韵却与夏日盛艳时截然不同。莲子心苦，众人皆知，又有谁会去体味孕育莲花的碧水在秋冬时的凄冷心境呢？有些想念八月西湖中，“半湖绿荷系红裳”的美丽了。

咏杜鹃

艳若霓裳舞彤纱，

素比西子洗铅华。

俯仰起落风过也，

胜败兴衰且由他。

注 杜鹃花在江南甚是常见，有些艳丽有些素朴，姿态都宛若妙龄少女，极尽展示形容之美。风过之后，或是败落或是枯萎。花无法左右自己的命运，如人一般。

残荷

枯指怒问天何故，

飞脚欲将冬水渡。

可怜此身坠泥潭，

只望风雪将花护。

注 枯荷立于水面之上，似一指擎天；水面之下的根茎，如人之腿脚般缠绕丛生。纵是手脚俱齐，也无法渡过这凛冽冬水。身子已坠落于这泥潭之中，只好希望将来的风雪可以怜惜护卫自己这一季周全。

雪竹

躬身与雪亲，

枝头数冰心。

翠玉不染白，

气节冷中殷。

注 竹子上积满冰雪，枝叶弯曲着与地上的雪亲昵。有风吹过，竹叶随风摇摆，好像在猜测冰棱的心思。竹子绿盈盈透亮，不因雪而改其色。它的气节，因这冷冷的天气而更加沁人心脾。

西湖之冬

茫茫西湖几泊舟，

浅浅薄雪难掩愁。

欲向东水借寒桨，

无边风雨上层楼。

注 冬日西湖上，停着几只小船。雪落得不多，浅浅的，难以遮掩那浓郁的愁绪。想向东去的流水借一只桨，将小船划向其他地方，而无边无际的风雨却阻了这行程。我站在湖边的高楼之上，想你。

枯荷印象

丰姿清减显身长，

瘦蕊形容共水凉。

莫道西子冬不美，

满湖风雪半湖芳。

注 秋天到了，绿荷渐渐失去丰盈的身材和颜色，看起来格外瘦弱。残存的花蕊和水的温度一样冷嗖嗖的。不要以为冬天的西湖没有荷花盛放就不美了，风雪来时，半湖枯荷也会散发芬芳。

荷韵

七分墨染三分画，

一片荷叶一枝花。

塘前遗魂忘夜深，

袖揽荷韵方还家。

注 水墨荷花，七分墨染三分勾勒。仅有的一片荷叶一枝花，却让我临画而失魂，忘却时光。一定要把这画里的韵致，偷偷放在袖子里才肯归去呢。嘿嘿，想得美！偷得走吗？

野花

星星点点缀绿原，

枝枝叶叶笑问天。

不恋天宫锦衣美，

只因世上袅炊烟。

注 山野中的小花，星星点点缀在绿色草原上，那些枝叶极力伸展，像是有问题想要天空给答案。是昨夜在银河戏水玩得太晚了吗？今晨在这山野之间现身，颜色新鲜得像刚洗过澡一样。一点儿也不眷恋天宫锦衣华服的你们，原来是爱慕这袅袅的炊烟呀。人间之美，莫过于烟火之气。

水天一色

鱼腾九天踏浪颠，
云落深海逐波闲。
霞飞舞弄斜阳色，
影醉美景使月潜。
归途离愁因入境，
心生痴迷起微澜。

注 水天一色，会让人分不清哪个是真相，哪个是倒影，诗的前两句所写就是这种感受。暮色将临，景越美，却让人更添淡淡忧愁。不知是景醉了人，还是红尘中的牵绊令心海乍起波澜？

巫山红叶

巫山红云片片花，
神女神水在三峡。
阶阶虫鸣阶阶绿，
细风拂来曼曼纱。

注 巫山红叶好像一片片盛开的花朵一样，用绚丽的色彩告诉我们：神女就住在三峡之中。走入这神女的居处，一阶一阶听到虫儿的鸣叫声，看到绿色覆在石阶之上。风吹过，那红叶那绿林，像神女身上的纱衣一般飘舞起来。

黄桷漫话

银杏新枝滑，

黄桷落叶煞。

本为春意暖，

缘何秋情发？

春雨细如棉，

更添时令差。

疑云千万重，

相问无人答。

只待暖阳至，

抱拥天地匝。

团圆有时日，

夏至促新芽。

注 黄桷是重庆市树，春落春发，四季常青。银杏新叶刚刚萌发，黄桷却开始落叶。春，本应万物复苏，为什么这种树会乍起秋情呢？莫非是去年秋天，它的叶子没有来得及回到大地的怀抱，如今才匆忙赶路么？人世间团圆分离皆有因果，夏天到的时候，再来看满树新长出的枝叶吧。

冬日西湖

一场冬雪一场凉，
西子改画天山妆。
枝寒叶冻有时尽，
凄风冷雨尘世藏。

注 一场雪下过，西湖仿佛画了天山一样的妆容，天地也愈发冷起来。自然界的寒冷终有过去的时候，心里面的风雨只有收藏在世间，一切仍在继续。

荷田

风轻气朗，

天高云淡。

荷叶田田，

缀之红莲。

一塘风月，

因水而欢。

心绪远远，

遐思浅浅。

或有闲愁，

无端无缘。

注 和友人去垫江看荷花，在荷田之畔写下这首四言。只是一时感怀，无端无缘的心绪，有时与任何人、任何事都无关。诗意与心情隐在字里，浅淡着向外发散。

咏红梅

红梅一枝乍开，

蓓蕾几朵掩怀。

莫怨皓雪无色，

正衬嫣红意彩。

注 咏梅的诗很多，如何从古人已有的意境中跳脱出来，时常会成为困扰我的问题。这首六言，用极清平的字句写实，同时写出了一幅雪中红梅图的意趣。甚喜，一字也不改。

妆

墨塘柳攒风，

荷韵叶孤城。

静湖悲白发，

不如卸红英。

注 这是为一幅水墨荷花图写的诗。墨塘边柳枝飘飘，荷叶以韵致自筑孤城，静静湖水若为时光飞逝悲伤，不如洗却脂粉铅华，只留心之本来面目。

咏梅

天高碧玉洗，

云近羊脂凝。

红蕴相思意，

蕊含未了情。

枝横如笛泣，

花立贴竹鸣。

北风催人去，

岁岁春不停。

注 初春时节，天色晴好，云色新鲜。一枝红梅风中轻舞，仿佛笛音轻送，又如花叶私语。北风虽然带有寒意，但春天确实来了。

晨光

鸟跃青瓦檐，

影随晨曦穿。

过窗共纱舞，

更胜月华绵。

注 清晨醒来，阳光洒进室内，我看到有鸟儿在窗外屋顶跳跃。当时入住的是一家仿古式酒店，屋顶的瓦为青色。阳光穿过窗户，白纱被风吹动，它们好像正相拥起舞。那样子，比明月之光还缠绵悱恻呢。

雪中梅

星坠皓雪田，

花开三冬妍。

不为迎春至，

只驭冰中帆。

注 仿佛星星坠落在白色雪田里，一朵一朵腊梅在这冷冷的冬天打扮着自己。它们不是为迎接那温暖春天才绽放的，只是想驾驭冰上之帆，展示各自的姿态气度罢了。

咏海棠

怎向冬风赋不同？

墙内海棠比梅红。

一枝横尽妩媚色，

万朵月下胜日彤。

注 海棠，早已跳脱了古人咏其美艳的框框，现代人观其似有出墙红杏之媚。看到海棠盛放的照片，往往不敢提笔，怕自己会将俗气流于字中。这首，用字或许平常了些，意却极为豁达，尽展海棠出挑之别致。

种荷

昨夜谁种荷满塘？

一夕开尽世无芳。

绽落闭合闲由己，

深浅浓淡恬更凉。

注 这首诗缘自一个梦。梦里，有人一夜之间为我种下满塘荷花。看着那些盛开的灿烂，眼里再也容不下其他花儿。可是，开或谢都只能由荷花自己决定，颜色之深浅、香气之浓淡都陷于恬静之中，滋生出另一番透骨凉意。

新寒

一枝旧蕊噙新寒，

两瓣心香落玉盘。

半塘碧波难写意，

却盛相思万万千。

注 一枝荷花落下两片花瓣，掉在绿色荷叶之上，如心香般沁人心脾。半塘碧绿的湖水也写不尽这其中意味，因为那荷叶之上的心香，盛载着万千相思之情。

海棠绿荷

枕上青丝万万千，
梦里蝉翼杳杳烟。
绿荷揽颈观云起，
海棠垂首伴月眠。

注 这首诗得自两幅同时出现的照片。海棠与荷花原本无干，我看到照片时尚未起床，将它们叠合在一起，油然而生的便是这诗中所表露的倦怠与情致。青丝如梦里蝉翼那般，“绿荷观云起，海棠伴月眠”，专属于女子的绝美感受哇。

七夕叹

年年七月七，

未见心相依。

满目双飞蝶，

无非顺风栖。

注 七夕赋诗者，多以团圆喜庆或悲凉伤别为念。在我看来，七夕只是传说中一对夫妇久别重逢的日子，情感的分量倒在其次了。顺风栖，写的也是俗常夫妻俗常之态。

回文·忆江南

晚湖映月影柔柔，
寒山临溪碧悠悠。
散絮柳尘缘尽飞，
澜雨微南江断愁。
愁断江南微雨澜，
飞尽缘尘柳絮散。
悠悠碧溪临山寒，
柔柔影月映湖晚。

注 这是我试着写的第一首回文诗，有些故意为之的矫情。仅作纪念，别无他意。

乡情

秋雁归来湖山前，
落叶卷风月未悬。
春雨冬雪催人老，
静夜总与乡情连。

注 大雁归来，立在湖水或青山之前，落叶卷风而至，天上无月。夜是极静的，人的心却未必同夜一般。不管春雨还是冬雪，一年年过去，都是催人老去的节奏。每一个寂寥的夜晚，那些思乡的心情呵，有谁能够懂得？

翠竹兰窗

翠兰幽竹意凉凉，

翠竹幽兰自成芳。

竹若君姿倚窗下，

兰叶半垂待竹赏。

掷棋兰侧观竹泪，

抱琴竹旁嗅兰香。

著意闻时香无影，

夜雨闲话竹兰窗。

注 这是一首奇怪的诗作，因为喜欢兰与竹相似的气质，就想把它们当作一对情侣。诗中所描写的意境也是自己杜撰得来，写出之后却觉极为古典，而且还挺浪漫的。

望江

两江春水落山间，

上灯下影美自牵。

隔江犹看江北好，

星光万点踏浪癫。

注 长江与嘉陵江坐落在山城之中，不管是在南山一棵树，还是在鹅岭望江楼，最迷人的景致都缘于这两江水色。隔江看江北，感觉景致分外地好，那点点星光呵，仿佛正踏着波浪癫狂。

咏蝶

不梦水云乡，

难凌风雨墙。

体弱少强志，

啜露如饮香。

注 蝶是柔弱的生命，咏蝶诗也以赞其美丽、恶其沾花惹草者为多。在我眼里，蝶就是蝶，哪怕它微小，哪怕它没那么多坚韧，生命存在的本身，已经足够美好了。

春至西湖

梅蕊含情报春来，
失色一分万花开。
春染桃花三成碧，
乍暖还寒倚云栽。
细雨接天丝丝扣，
断桥垂柳对对排。
飘飘我似南飞燕，
不见江北春满怀。

注 梅花含情脉脉地迎来春天的消息，只有它衰败之后，其他各种花儿才会次第开放。春来时，绿叶翠如海，粉色桃花也被渲染出三分碧玉模样。细雨、垂柳、断桥，这是西湖初春的寻常景致。我如这南飞的燕儿，一来到美丽的江南，便忘记了长江以北春天的模样。

梅之言

早春二月风乍寒，

梅开蕊筑水云间。

君莫摘花径自去，

且为此季存静娴。

注 看到一树灼灼而放的红梅，你最先想到什么？有人欣赏花之灿烂，有人怜惜花盛必衰。于梅而言，忧的却是有人折花而去，伤了花事又搅了春意，徒留一地伤感。

冰梅

冰上白莲绽，

清香不忍闻。

恐惊蕊中露，

随风散无痕。

注 冰天雪地中，白色的梅花盛开了。那浅淡的香气，让人不忍心多闻一下，生怕惊吓到那宁静的花露。一阵风吹过，它们仿佛就会消散于无形。

风

曲风吹皱林间镜，
万木侧耳细聆听。
神马匆匆蹄轻踏，
林中鸟飞恐意惊。
杨柳倒悬枝搅水，
小舟飘忽了无形。
碧水幽幽深几许，
世人焉能辨分明？

注 这是为一幅照片配的诗。照片里林木幽深，湖水平静。风吹皱了林间的镜子，所有林木侧着头，仿佛倾听风来的声音。神马与林鸟，都蕴含意想中的感觉。杨柳倒悬，小舟飘忽，也如前四句一样，在静谧中寻找动感。最后两句点睛，水幽幽影迷离，真假深浅难以辨别，又有谁能看得清楚呢？

雨后白荷

满翠漾一白，

似夺明月台。

缘何颜色老？

昨夜星未来。

注 雨后白荷之美，如同碧绿盈透的翡翠之上，荡漾着一枚小小白玉。为什么白荷的颜色看上去没有那么新鲜呢？或许，是昨晚落雨星光未如约而至的缘故吧。诗虽小，却像在讲述一个星月童话。淡淡忧伤之中，美好难以掩藏。

草

小小一株草，
沐冠花非花。
风送草籽飞，
四海皆天涯。
处处可容身，
时时享闲暇。
光阴如波涛，
年年促新芽。

注 以小草一生循环往复来写人的迁移行走。人与草，在与故土的离合之间，又有多少区别呢？

夏韵

水美新荷莲韵香，

清波清曲清风扬。

舟快舟慢舟如叶，

清闲清平清淡长。

注 一首简洁的诗，写的是夏日风光，表的却是心境清凉。

草中花

红花绿叶寻常见，
偶遇枯草色更新。
不分长幼随风起，
情深意切共雨淋。
山里溪畔共连理，
相依相绕无主宾。
君莫摘花径自去，
独余枯草净伤心。

注 红花绿叶是最常见的，只是处在枯草之中，更能显出其颜色鲜亮。他们没有长幼主宾之分，一起被风吹被雨淋，无怨无悔。希望你经过时，不要采摘那花儿，留下枯草独自伤心。

钓雪

似见小舟水边驻，
茫茫一片撒盐图。
雪封冰冻鱼怎跃？
手擎钓竿钓林疏。

注 诗中所绘，是典型的北方雪景。仿佛有小船停在岸边，冰天雪地就像是一幅撒盐的图画。水面结了冰，鱼怎么跳呢？手里拿着钓竿，不似在钓鱼，倒像在钓那稀疏的林木。画面感极强，能令人产生联想的应算好诗吧。

咏野花

草间雾宿泊，
梦里鸟喧歌。
林中露意重，
石上水泛波。
离人未得见，
对月赏吟哦。
不与春争色，
无心自成河。

注 诗中前四句写的是野花的生长环境：草间与雾共泊，梦里听鸟喧歌，林中露水太重，石头被浸透了，仿佛正泛着轻波。接下来由境转情，离别的人还没有回来，野花只好独自对月吟，唱着孤独的歌。无心与花争艳，却于不经意间为春景平添生趣。

望春

烟柳三百里，

有梦成碧溪。

水动迎花落，

风裁绿柳衣。

注 春初至，新柳如烟。人有梦，生活才如绿水一样柔美。水动，桃花纷纷落下，如粉色薄纱。风起，裁剪一件用绿柳做成的衣服。眼中所看到的美丽景致，全由心来感受。

夏至西湖

依稀隐约半塘荷，

彼岸仿佛一城歌。

昨见芭蕉盛夜雨，

今听白鹭戏碧波。

注 西湖之畔，依稀看到半塘荷花开了。湖对岸的城市，仿佛有歌舞升平之态。昨晚，我分明看到芭蕉夜雨的悲伤。今天，却听到白鹭戏水的欢乐。看似写实，实为一梦，只是写出悲喜无常、动静相接的生活常态罢了。

原上曲

野草漫漫沙连天，
牛羊蹄踏牧歌还。
寒月赶星逐云去，
短笛声声夜未眠。
都说江南无限美，
只缘未识塞上原。

注 心里眷恋着西北草原风光，却只能用诗来表达这种喜欢。正因为没有亲眼见过，写出的诗一直极具意象派手法。唯心？或许，算是吧。

云台赏绿

绿苔石上栖，

石老苔色新。

远望全松景，

近观半翠云。

山幽水声细，

情深泉意逡。

观山若赏画，

叮咚如仙音。

恍然不觉醒，

拥石眠更真。

注 这首诗写于 2011 年，所写之云台山景也是想象的。从青苔老石、松林、山泉……写人沉浸在美景之中，好像睡着了一样不愿醒来。嗯，如果能抱着石头入睡，这梦的感觉想必才更真切一点。

湖畔人

人工琢美景，

亦显清雅风。

未见柳枝垂，

只见一角亭。

满目皆绿意，

水叶一色融。

客去椅成空，

怅然湖畔行。

不入画中来，

怕惹一点情。

注 朋友发了张照片给我，照片中有山有水，水旁坐落一极雅致小亭，亭里有一空椅。看着这清新一幕，我却仿佛能感觉湖畔有人在缓步慢行，他为什么不走进这照片中来呢？或许，是怕触动心底那一点儿深埋的情事吧。

咏紫薇

一树紫薇一树澜，
逐云伴雨九月天。
花开百日醉满季，
几人怜香使心欢？

注 紫薇花期很长，盛开时满城烂漫。但是，花如人，再美再艳，所期待的，也无非是那些发自心底的喜欢。惜，欣赏常有而真爱几无。

桂花雨

不枉浮沉过三秋，

聊凭昼夜兑闲愁。

花雨飘飘掌中立，

桂香深处泪凝眸。

注 诗里的三秋，是指三个季节。没有辜负三个季节的等待，权当每日里以盛开之姿来掩盖一点愁思吧。花雨飘然而下，桂香悠悠之中，眼里却满含泪水。我生在桂花盛开的季节，每至此时，思母情切。

踏香

墨玉软金醉杭州，

绿宣银划数春秋。

若遇半城桂花开，

行人踏香如撑舟。

注 墨玉绿宣，均指桂花树之叶，“银划软金”指其花色。每逢秋日，杭州半城桂花盛开之时，人踏着被风吹落的桂花，走在这清雅又浓郁的香气里，宛若撑舟而行。

落叶

秋情百般凉，

落叶千种黄。

雨落心神碎，

风吹魂魄伤。

注 此诗写的是落叶之苦。秋风秋雨秋意的百般凄凉，均化作各种黄色的落叶。雨落时，使心神俱碎；风吹过，令魂魄俱伤。

狷狂

弦歌隐又无，

一屋接一湖。

醉眼逢乱世，

天地俱为卒。

注 不知是什么乐器演奏的曲子，在耳边忽隐忽现。眼前，只看到湖边坐落着一幢简陋的房屋。或许是我喝醉了，才会遇到这样乱糟糟的世界。不过，天地也仅仅是茫茫空宇中的小卒而已，我们又为什么要如此忧虑和担心呢？

莲音

浮云揽月归，
秋雁呼风随。
且听荷绽处，
无雨亦霏霏。

注 浮云拥着明月归来，我听到风里传来大雁的鸣叫声。可是，在夜里静静站在荷花盛开的地方，却也能听到花开的声音。那声音，就好像霏霏细雨无边落下。很久之前，老师告诉我：每一朵花盛开的时候，都有它自己的声音。

映日荷影

浮生无非一季，

两情无非花开。

千姿无非作势，

三世无非石台。

倒影亦蕴深情，

水上波底徘徊。

注 这首诗明里是写荷影，其实写的却是对生活的感悟。前四句用四个“无非”，写出对人生两情姿态及前世今生的感悟。若人有心有意，连影子都深情无限，不管在哪里，一样难舍难离。

西湖荷影

秋莲倒影水中空，

莫忘初心混沌梦。

沉鱼且如云出岫，

落雁难及波底虹。

为有芯清长如镜，

寥对碧叶两孤城。

半湖荷香一湖韵，

只因情致入水形。

注 秋天的莲花倒影映在空旷的水中。纵使要败落了，也莫忘记初开时的心思吧。沉鱼与落雁两句，写出了白莲与红莲之姿容。莲芯清，莲叶碧，半湖荷香一湖韵，这所有的情致原本都来自于莲之影倒映在水中的美丽。

咏水仙

凌波踏春早，
细叶捧芯娇。
枝枝亭亭立，
逐风若雪飘。

注 凌波，是水仙的别名。初春时节，水仙花开。每一枝都亭亭而立，随风摇摆时仿佛是雪花在飘。

春花

几枝春花半天芳，

数缕清风满庭香。

不借绿叶三分意，

只盗红烛一壁光。

注 春天，百花盛开时，半个天空都芬芳不已。几缕清风吹来，满院都是花儿的香气。后两句用“借”与“盗”，意在表现春花之艳与骄。诗意新奇，引人遐思。

舟

青山绿水几舟恬，

墨树红枫逐波悬。

只在船头观云起，

不愿尘世听风言。

注 朋友拍了一张图片，却无几人观评。配上此诗之后，跟评及和诗者众。诗意从写景至写心，既有入世之道，又有出世之心，意境极为洒脱。

咏白梅

一瓣一蕊，剔透晶莹。

一叶一脉，恣意蕴情。

看惯了姹紫嫣红，

独爱这春雪妍梦。

笑世间风情万种，

难敌这枝上凌风。

寒暖之处纵相逢，

倾了一生。

注 这首跳脱了诗的形式，更像是曲。我写的诗中有相当一部分都是随手断句，并不按章出牌。不能说有了诗意就可以不讲格律形式，只是略有些敝帚自珍，舍不得弃了自己随意随兴的个性文字。这首写成之后，喜欢极了，舍不得改动一字。

光華復旦

柳

可曾栖西楼？

西楼月影瘦。

影瘦人无梦，

无梦煮茗愁。

茗愁何所似，

楼畔千丝柳。

注 奶奶拍了张照片，构图别致。一角斜檐，几枝细柳。看到很多人写诗都抓住飞檐与牌楼不放，完全忽略了柳在图中的作用。这首诗看似文字游戏，其中却句句意境相接，渐行渐急，最后一句“楼畔千丝柳”，不仅结句点题，且留有余韵。

雨后

推窗未见雨，
东天执玉旗。
鸟自园中过，
叶上踏新泥。

注 这是一首写实的诗。某天清晨，没有看到天上落雨，但东边天空的颜色却如碧玉一般。几只鸟儿从园中飞过，它们停在枝头，叶子上留下爪痕。诗以白描笔法，写出当时恬然闲适的心境。

私语

幽幽我自香，

历历使风扬。

枝蔓懒相缠，

性情何须缰？

注 以自述的语气来写荷韵，在我并非首次。这一首却很是喜欢，因为它从头到尾每一个字都透着倔强与骄傲，仿佛逆水而行的我。人与花一般，无须用缰绳来缚住身心，认真做自己便好。

綠
茶

冬之语

小径沾雪痕，
绿叶锁寒心。
若得幽思谷，
山水比人亲。

注 山野之中一条小径沾满雪痕，小径两旁绿叶幽幽，仿佛锁住了寒冷的心。如果这山谷为我所有，和这山山水水在一起的感觉比与人在一起时亲近多了。这诗有点厌倦红尘的意思，消极了点儿。

夕阳

黄昏初临斜阳骋，

芦花漫舞金纱蒙。

人去勿问心归路，

夜阑音寂泪打横。

注 黄昏刚来的时候，斜阳在天边驰骋。芦苇随风摇摆，被一层金色的夕阳笼罩着。人走了，别问心归向何处。夜色渐渐浓郁起来，四周万籁俱寂，躺在床上的人呵，只有泪水顺着眼角流下。从写景到写情，离别哀伤藏在淡淡的夕阳余晖里。

冬梅

柳丝未及牵，

梅开若等闲。

雪落满树白，

北国不夜天。

任他风声唳，

寒枝隐红颜。

须臾迭旧岁，

倏忽又一年。

注 这首诗以写梅入手，却从点及面写到整个北国雪景。由冬天的萧瑟况味，再引出旧岁与新年交叠之意。这首诗写于 2013 年 12 月底，当时诸事未毕，就又要过春节了，多少有点儿“时不我待”的感叹。

友

相逢道是寻常，知交莫敢衡量。

言笑总因楚楚，话别或感惶惶。

絮絮累赘一路，飘飘清逸满堂。

不问来时去处，却嫌情浅意长。

注 朋友之间，该如何相处？我不知道，仿佛有时会因无心而伤害对方。但于我而言，若为友则一直为友，不疑不弃。

咏西湖

凤归向西湖，

龙吟意难舒。

孤山因影魅，

双塔为人枯。

注 咏西湖的诗写过很多，喜欢这一首大概是因为其中嵌入了西湖中的一些景点，而这在其他诗中是不多见的。凤归与龙吟，只是一种表象，以此来代指人。孤山与双塔，也用来比喻人之形态。孤独自有其意境，相伴有时也是一种折磨。

两江赋

闲庭信步，云渺月羞。

竹静夜幽，虫语鸣秀。

闲庭信步，云渺月羞。

残灯斜里，古楼更漏。

山水相和，难解心忧。

两江对望，尽绘闲愁。

惟见水涨，不见沙鸥。

人随影去，谁立潮头？

鱼雁传书，何时能酬？

月移星渺，余一小舟。

遐思杳杳，水荡情悠。

别意闷闷，梦醒人瘦。

注 这首四言写于2011年。当时陪友人游重庆两江楼时，看着江枫渔火古楼游船，陷入往事的回忆中。心随意走，信手写下这首诗。字里杂陈着各种情绪，有思念，有压抑，有克制，有憧憬。多数心事，并不单纯如一条直线。

梅雪迎春

红梅生白发，

北风出剑匣。

几朵料峭意，

一树独孤葩。

寒气盈寂寞，

暖意远繁华。

抱拥天地阔，

闲舞珠玉花。

注 雪覆红梅，如生白发。北风冰冷袭人，如剑气一般。“料峭意”与“独孤葩”，用来形容梅花的孤独与冷傲，虽然一身寒气，艳红之色却给冰冷天地增加一抹暖意。最后两句将梅雪相拥之意引申开，“闲舞”二字写出诗人当时的心境。

代后记
随意诗社，梦想从这里起步

邢小燕

2013年8月8日，我正式向单位提交辞呈。

2013年9月15日，随意诗社成立。

这两件事看似关系紧密，其实最初却毫无瓜葛。一切，纯属偶然。很多意外会在同一个时间节点造访，令人无法防备。

2013年的上半年，对我犹如噩梦一般。悲伤与疾病几乎颓废了飘摇的心神，我已然看不到阳光与未来。值得庆幸，当我陷入生活的泥沼无法自拔时，那些真诚温暖的手扶我走出阴影，教会我如何面对低谷与失败。

决定辞职缘于工作的纷杂与压力的剧增，虚弱的身体一再“警告”我不可以继续这种晨昏颠倒的生活。单位还是很有人情味，老总拒接辞呈，几个领导和同事轮番劝我留下。可是，骄傲而任性的我不愿再走回头路，硬起心肠推开那些送到面前的温暖，执意离开工作十多年的报社，从此也告别了媒体人的身份。

我知道，自己虽然自由了，但以后的路肯定不好走。当时一片茫然，甚至看不到一点点希望。有一天，随手写了几句诗丢在微博，忽然来了个“凤凰于飞”的女子。她跟帖写的诗令我眼前一亮，好胜心遂起，马上跟着和了一首。几分钟后，她再回一首，诗意更大气爽直。就这么两三个小时你来我往，斗了个天昏地暗，直到凌晨方才各自罢手。

斗诗之中，有几个诗友的才气也令我欣喜不已。之后两三天，我们又在微博开战，越来越多的人加入其中，诗飞字舞，文采斐然，大家甚至有相见恨晚之感。

几场斗诗之后，我们组了个群，交流诗词方面的一些心得。大家聊得很投机，索性决定成立一个诗社。意为诗之魂，是人人同感，诗社遂以“随意”命名。

诗社成立后，虽然开通官方微博，却只是约博友斗诗取乐，并没想过此后要如何。

2013 年中秋，我们邀请几个大 V 参与斗诗会，结果令人震惊。一场斗诗会竟然集聚了众多博友参与，万余条诗词跟帖令人瞠目，堪称是“盛况空前”了。

过了几日，有个女孩子说想要拜我为师学习诗词。虽在诗词上有点基础，我却还没有胆量敢去授业、解惑，于是婉言谢绝。谁知几个常跟帖的小美妞凑上来起哄，都扭着闹着要入诗社跟我学诗词。

认真考虑了一下，反正自己没有工作，闲着也是闲着，多几个人一起学习诗词也蛮好。斟酌字句后发出正式收徒的通告帖，结果我又一次惊呆了：短短两三个小时，报名者就有二百多人。

太多的意外给了我信心和力量，毅然决定把诗社当作诗词培训学校好好打理。不管怎么样，在人们把时间撕成碎片无暇读书之际，让大家多接触国学文化，学学诗词写作，总算是好事吧。

从此，开始了不断改进、不断学习、不断折腾的另一种生活：通过诗社官方微博讲课，通过 QQ 群供大家交流学习心得，诗社网站用来展示所有学生的作品。一天天坚持下来，我竟然从一个编辑部的改稿匠成为这所网络诗词学校的当家人。

时至今日，诗社已有学生千余人。他们来自各个地方，从事着不同的职业，却为了一个共同的梦想来到我的身边。面对他们，我感到肩上的担子越来越重，不敢有丝毫懈怠。每天认认真真看着他们沉浸在诗词文字的世界里，似乎就看到了希望与光明，我仿佛也找到了自己后半生的梦想与目标。

平心而论，在诗社成立之前，我对传统诗词强调的平仄格律一向不以为然。狷狂如我，写诗填词只凭语感，从来没有认真对照格律查证过自己作品格式的准确度，也从不屑于按谱填词、按律写诗的套路。

可是，当从第一个学生报名开始，我就已经明白：收下他们的同时，也给自己套上了一副看不见的镣铐。对学生负责的老师，必须自己先学好学精，才可以传道、授业与解惑，否则将愧对“师傅”这个称呼。

教学的过程，也是我自己温故而知新的过程。告别了过去任性挥洒才情的时代，我要和所有学生学会如何戴着格律的镣铐跳舞，写出更多更好的诗词来记录我们生活着的这个时代，让孩子们在我们的诗句里听到文字的力量与回响。

字随心生，诗从意出。看看诗社里那么多充满期待与热爱的眼睛，我相信诗词文化不会没落不会老去，她深深镌刻在每一颗倾心国学、崇尚人文的心上。

用这本诗集，感谢所有喜欢我、相信我的朋友。

用这本诗集，告别那个任性不羁的随手诗时段。

用这本诗集，仰望未来那缀满诗词的闪亮星空。

随意诗社，梦想从这里起步。

让我们一起出发吧！

2014年8月26日凌晨

图书在版编目（CIP）数据

烟火生活 诗画清歌 / 邢小燕著 . -- 北京：现代出版社，2014.10
ISBN 978-7-5143-3043-4

Ⅰ . ①烟… Ⅱ . ①邢… Ⅲ . ①诗集—中国—当代 Ⅳ . ① I227

中国版本图书馆 CIP 数据核字（2014）第 244253 号

烟火生活 诗画清歌

作　　者 邢小燕
责任编辑 赵 熙
特约编辑 钱午骏
出版发行 现代出版社
通讯地址 北京市安定门外安华里 504 号
邮政编码 100011
电　　话 010-64267325 64245264（传真）
网　　址 www.1980xd.com
电子邮箱 xiandai@cnpitc.com.cn
印　　刷 北京市雅迪彩色印刷有限公司
开　　本 889mm × 1194mm 1/16
印　　张 25
版　　次 2015 年 1 月第 1 版 2015 年 1 月第 1 次印刷
书　　号 ISBN 978-7-5143-3043-4
定　　价 80.00 元

淡墨寫香茗

濃醉愁思盈